Esperança《【エスペランサ】》

―希望―

ソーシャル・サービスのイノベーターたちが語る

“介護の未来、日本の未来”

編集 斉藤正行

斉藤正行

日本は経済成長でのナンバーワンは困難ですが、**介護分野では**強みを発揮し、**ナンバーワンを目指していける**と思います。

佐藤崇弘

利用者が対価を払ってもいいと思えるような**魅力的なサービス**を生み出せるような、**競争力のある業界**にすべきだと思います。

別宮圭一

失敗を恐れずにどんどん新しいことに**チャレンジ**していただきたい。介護業界は今、そんな若い人たちの**知恵と実行力**を必要としています。

小川義行

介護は、「私事」ではなく**「志事」に臨む**という心構えがなければ、務まらない仕事です「志事」というのは、すなわち、**利用者のため、社会のために働く、**という意味です。

髙橋ゆき

自分を愛することのできる力が、相手を信じ愛する力になり、その力からこそ**良い対人関係を構築する力**や、**コミュニケーション力**が生まれます。

――（本文より）

【エスペランサ】

Esperança

―希望―

contents

第２章　社会で役立つ人になるために

序　章

ソーシャル・サービスの未来に向けて

「幸せ」を再定義する時代

日本においては、高度経済成長期からバブル崩壊までは、高い報酬を得ることが最もわかりやすい人生の成功の形であり、高い報酬を得ることによって、物質的な欲求を満たし満足を得ることができた時代でした。

その時代は、良い大学に入り、良い会社に入り、高い報酬を得ることが、良い人生であると考えられていました。給与は勤続年数に応じ上昇し続け、今日よりも明日が良くなると信じることができました。

しかし今、日本は、バブル崩壊から「失われた20年」を経て、経済の成熟化に伴う長い景気停滞の時期を迎えています。

経済の成熟期においては、衣食住の基礎的な需要が満たされているため、消費活動は低迷します。また、雇用環境の悪化による労働所得の低下、将来不安も個人消費の落ち込みに拍車をかけています。

さらに、国際競争力の低下、産業の空洞化による景気後退により、年功賃金や終身雇用制度も崩壊し、良い大学を出て良い会社に入ることが明るい未来を保障してくれる時代ではなくなりました。

世界第3位の経済大国である日本で、物質的に恵まれた環境に育ってきた若者たちは、そうした時代のもとで次第に、物理的な欲求を満たすことから、社会的な欲求を満たす方向へとシフトしていきました。

そうした若者たちの意識変化を背景として、２０００年代前後から、社会に役立つ仕事をしたいと願い、社会に対してより大きな影響を与えることを成功の尺度と考え、組織を運営していく、20代、30代の若手のソーシャル・アントレプレナー＝社会起業家が登場します。

「社会のために」がソーシャル・サービスの大前提

ソーシャル・サービス（Social Service）というと、すっかり定着したインターネット上のソーシャル・ネットワーキング・サービス（ＳＮＳ）を連想される方も多いかもしれません。

ソーシャル・サービスには、もうひとつ、保健、医療、福祉などの社会福祉サービスという大切な意味があります。社会的課題を解決するための活動のことです。従来、行政が中心となって担ってきたソーシャル・サービスは、規制緩和により次第に民間企業の参入が可能になっています。

そうしたソーシャル・サービスを、ビジネスの手法を用いて行うのがソーシャル・ビジネスです。ソーシャル・ビジネスには、①社会的課題に取り組む社会性、②ビジネスとして継続可能な事業性、③既存と異なる商品・サービス・仕組み・社会的価値を生み出す革新性、が求められます。

社会的課題を解決するための活動としては、東日本大震災などでも注目を集めたボランティアがあります。しかし、無償のボランティアは、長期間にわたり継続的に支援を続けることが難しい場合もあります。

ソーシャル・ビジネスは、活動が利益を生み出すことにより継続性が保証され、また新たな産業や雇用創出の場ともなりえます。

２００８年の経済産業省の統計によると、日本には約８０００のソーシャル・サービス事業者があり、行政支援により今後さらなる拡大が見込まれています。

ソーシャル・サービスに民間企業が参入し、市場原理が働くことによって、サービスの質の向上と効率化が図られるといったメリットが期待されています。一方で、サービスの質が一定せず、利益が優先されるといったデメリットも考えられます。例えば、「成長産業だから」という安易な発想で、ソーシャル・ビジネスの基本理念への理解が不十分なまま参入する事業者が増えてしまう、などです。

サービスの質の保障は大きな課題であり、行政が最低限の質の保障を行いながらも、民間企業による健全な市場育成を行っていくことが重要です。

未来に広がるソーシャル・サービス

本書に登場するソーシャル・ビジネスの担い手たちは、ソーシャル・サービスに対する理念を掲げ、その理念を事業のなかで実現してきた人たちばかりです。

第1章「未来を担う君たちへ」では、私を含めた若き介護ベンチャー、ソーシャル・ベンチャーの経営者5人が、その思いを語っています。

小川義行氏（イー・ライフ・グループ株式会社代表取締役）、佐藤崇弘氏（株式会社ウイングル創業者兼ファウンダー）、髙橋ゆき氏（株式会社ベアーズ専務取締役）、別宮圭一氏（株式会社インターネットインフィニティー代表取締役社長）、そして私です。

いずれも、若くしてソーシャル・サービスの世界に飛び込み、従来とは異なるユニークな発想で事業を発展させている経営者です。それぞれ、どのような思いで事業を始め、どのようにして事業を発展させ、今後、何を目指していくのか。これからソーシャル・サービスの世界を目指す若者たちに対する、先輩としてのメッセージも込めています。

第2章「社会で役立つ人になるために」では、スペシャル企画として、3人の若手リーダーと私の対談を3本収録しました。介護やソーシャル・ビジネスの枠にとらわれることなく、世の中を変革している若きカリスマの方々です。

1人目は、タリーズジャパンの創業者にして参議院議員の松田公太氏。

2人目は、自由人としての生き方を貫きながら、社会起業家として世界中で仲間とともにその活躍の場を広げている高橋歩氏。

3人目は、ベンチャー起業家として草分け的な存在であり、私が大学生の頃から親交を持たせていただいている佐藤大吾氏。佐藤氏のJust Giving Japanの活動は、ノーベル医学・生理学賞を受賞された山中伸弥京都大学教授のニュースでも目にされたことと思います。

第3章「イノベーター座談会」では、第1章で登場した若きイノベーターたちが一堂に会し、それぞれが、「介護ビジネス、ソーシャル・ビジネスの未来」から、「新しい日本の形」までを語りつくし、若者たちに「希望」と「夢」をお届けします。「介護やソーシャル・ビジネス分野には、僕たち、私たちの少し先輩にこんなに魅力的な人間が存在するんだ」ということを、是非、実感してほしいと思っています。

「自分は社会や人に対して何ができるのか」

私自身、はじめから確固たる理念があって、介護の世界に飛び込んだわけではありません。最初は、介護よりもマネジメントに興味があったはずなのに、気がついたら介護の仕事に夢中になっていました。それからは介護の仕事一筋です。

人はいくら机の上で思考をめぐらせ、これと決断したからといってそれが本当に自分に向いているとは限りません。また、自分が知っていることなどほんのわずかなことで、漠然としたイメージだけでわかったつもりになっていることも多いものです。仕事選びも同様です。華やかなイメージに憧れて飛び込んだ世界が、地味で単調な仕事の連続であることに、想像とのギャップからすぐに仕事を投げ出す若者を多く見てきました。

だからこそ、今の若い人たちには可能性の広がっているソーシャル・サービスの世界に興味を持ち、まず飛び込んできてほしいと思うのです。そして、「自分は社会や人に対して何ができるのか」を一緒に考えていきたいと思っています。

私が介護に〝どっぷりはまって〟いったように、素晴らしい成長体験ができるのがソーシャル・サービスの世界だと思います。若い皆さんがソーシャル・サービスの世界に興味を持ってくれたら、それだけで本書を世に問うた意義があります。本書が皆さんのお役に立つことを願っています。

２０１３年２月

編集　斉藤正行

高齢者と1年間寝食を共にした経験が礎に
ありがとうと言ってもらえる介護は天職

斉藤正行《さいとうまさゆき》

（一般社団法人日本介護ベンチャー協会代表理事）
（株式会社日本介護福祉グループ副社長）

1978年奈良県生まれ、立命館大学卒業後、株式会社ベンチャー・リンク入社。その後、メディカル・ケア・サービス株式会社の全国展開開始と合わせて2003年5月に同社入社。「愛の家」ブランドでグループホームを全国に展開し、ビジネスモデルを確立した。2010年5月、株式会社日本介護福祉グループへ入社。「茶話本舗」ブランドで小規模デイサービスをフランチャイズ展開した。同年7月、取締役副社長に就任。同年10月には、一般社団法人日本介護ベンチャー協会を設立し、代表理事に就任、一般社団法人日本介護協会副理事長も兼務。

――ソーシャル・ビジネスの若手起業家のリーダー的存在である斉藤氏。既成概念にとらわれず、新たな手法でイノベーションを起こす斉藤氏の情熱は、どこから来ているのだろうか。

私が介護業界に興味を持ったのは、大学3年20歳の頃が、ひとつのターニングポイントになっています。当時は、大学に行き、勉強して、サークル活動して、友達と遊び、アルバイトもしてという、いわゆる普通の大学生でした。

しかし、卒業を控え、就職活動を意識し始めるなか、自分の将来について真剣に考えるようになりました。**「将来どんな人間になりたいのか」「何をやりたいのか」、さらには、「なぜ生まれてきたか」など、哲学的なところまで自問自答するようになりました。**もともと読書が好きだったので、偉人の伝記や哲学書、思想書を読み漁《あさ》るようになりました。

考えあぐねたなかで、なぜ生まれてきたかに「答えはない」という自分なりの結論にたどり着きました。ちょうどその頃、アルバイト先の後輩が事故で亡くなりました。「人はいつ死ぬかわからない」と、命のはかなさに直面し、運命論ではなく、生きる目的は「自分で決めるんだ」。たった一度の人生、やりたいことをやって、生きていきたいと思ったのです。これは今も変わらない自分のベースになっています。

高齢者と1年間寝食を共にした経験が礎に
ありがとうと言ってもらえる介護は天職

「自分で決める」生きる目的については、自分の人生を振り返ったとき、自分自身の価値観や美意識に照らして、斉藤正行という男がかっこいい男だと思える人間を目指すことにしました。価値観や美意識は個人差があり、ともすれば他人の目を気にして振り回されてしまいますが、何か決断に迫られた際には、**自分が思い描く最高にかっこいい男ならどういう行動・決断をするかをすべての価値判断にしてからは、大きく悩むことはなくなりました。**

私の価値観に基づく「かっこいい男」の条件については、2つに集約されます。ひとつは、スケールの大きなことを実行すること。ただし、いくらスケールの大きなことをしても自己中心的な人間はかっこ悪い。そのためもうひとつは、誰かのために汗をかける、誰かのために涙を流せる人間。世のため人のために生きる人間になりたいと強く思いました。

スケールが大きく、世のため人のためとなる仕事として政治に関心を持つようになりました。しかし、政治には何のつてもなかったので、いろいろ調べたところ、議員インターンシップの存在を知り、1カ月間、小池百合子氏(現衆議院議員)の事務所で学生インターンとなりました。その後も1年間、秘書見習いをしました。いざ飛び込んでみると、さまざまなことが勉強になりました。

一方で、**政治の世界の人たちの中には世間ずれしている人も散見され、政治の世界に違和感を感じるようになりました。当時、若手のベンチャー起業家と接する機会も多く、むしろ、彼らのほう**

議員インターンシップでお世話になった小池百合子氏と

が輝いて見えました。

　若手ベンチャー起業家に憧れるようになり、彼らに近づきたいと思うようになりました。学生の浅はかな考えですが、就職活動では、証券会社や外資系企業、ベンチャー企業、コンサルティング会社など、とにかく厳しそうな環境の会社や自分が成長できそうな会社を選びました。そして、ベンチャー・リンクというベンチャー系のコンサルティング会社に就職し、3年間ビジネスの基礎を学びました。

高齢者と１年間寝食を共にした経験が礎に
ありがとうと言ってもらえる介護は天職

——さらなる自己の成長を見据えた斉藤氏は、転職を決意する。ここで初めてソーシャル・サービスの世界に飛び込むこととなったのだ。新しい世界を前にして、尻込みすることはなかったのだろうか。

コンサルティング業での限界を感じ、自らベンチャー企業に飛び込んで、上場を目指す会社に入り、志を同じくする人たちと共に成長していきたいと考えるようになりました。そうして入社したのが、有料老人ホーム、グループホームを展開するメディカル・ケア・サービス株式会社でした。

同社は当時、グループホームが２カ所しかなく、「今後1年間に30カ所の事業所を開設し、全国展開を図っていく」とのことでした。**ビジネスの成長性やマーケットの将来性を感じて選んだのが実情で、崇高な志を持って介護業界に入ったわけではありませんでした。**

何もわからずに介護業界に飛び込み、まず、新潟のグループホームの責任者として1年間赴任しました。そして同事業所の黒字化を果たし、その後本社で半年かけてプロジェクトを立ち上げ全事業所を黒字化することができました。売り上げも40億円、経常利益は1億円計上する企業になりました。その成果を認められて27歳で役員となり、２００６年に上場を果たしました。

この新潟のグループホームでは、居室の1室に住み込み、文字通り、**おじいちゃんおばあちゃん**

たちと寝食を共にし、職員とも毎晩夜中まで語り合いました。そこで介護の基本を学んだと思っていますし、課題や問題点も感じました。その経験が自分の介護ビジネスの原点です。

最初はビジネスの成長性やマーケットの将来性が動機でしたが、いざ介護の仕事に従事してみて、こんなに素晴らしい仕事はないと気付き、今では介護を天職と感じています。

その魅力のひとつは、月並みではありますが、人から感謝されることです。もちろんあらゆる職業でもその側面はありますが、なかでも介護の仕事での「ありがとう」ほど重みのある言葉はありません。高齢者が要介護となり、非常に苦しい生活を強いられたり、家族も含めて介護疲れをしているなかで、私たちがそうした高齢者をお預かりすることによって家族に笑顔が戻り、生活が安定するのです。

「ここに入れてよかった」「あなたに出会えてよかった」「人生本当に幸せだった」と、まさに〝人生丸ごとありがとう〟と言ってもらえる。これほど感謝される仕事はありません。これは介護に携わる誰もが実感する魅力だと思います。

もうひとつ**私が特に魅力を感じているのは、介護の仕事を通じて世の中を知ることができるということ**です。介護の仕事に従事するまでは、日本は不景気等さまざまな問題があるといっても、豊かで平和、職業を選ばなければ食べていけるなど、世界に比べ幸せな国だと思っていました。

高齢者と1年間寝食を共にした経験が礎に
ありがとうと言ってもらえる介護は天職

20代半ばで介護の世界に入りましたが、衝撃的だったのは、こうした社会を築いてきた高齢者が、要介護になったとたん人間らしい生活ができなくなったり、自由な意思決定ができない環境に押し込められたりと、尊厳が守られていない実態を目《ま》の当たりにしたことです。

そこには高齢者のケアだけの問題ではなく、家庭の収入自体が減っていたり、家族が長時間労働にさらされるという問題もあります。また、年金、生活保護、成年後見制度など、日本を取り巻くあらゆる課題が見え隠れします。社会制度とも密接に絡んでくるので、そうした場面に直面するたびに勉強する必要があります。

これほど領域が広く、奥深く、学びの大きい仕事はありません。加えて、高齢者の話を傾聴することで学ぶことも多いという特徴があります。

――これまでにも多くの斬新な手法で現場を改革してきた斉藤氏。その情熱はとどまることを知らない。今後、介護業界にどんなイノベーションを起こしたいと考えているのだろうか。

現在、若手介護経営者たちで日本介護ベンチャー協会を設立し、〝介護版ビットバレー〟と銘打ち、業界を盛り上げていこうと活動しています。介護業界の課題は山ほどありますが、10年間業界に身を置いてきて、非常に魅力を感じています。むしろ世間の介護に対する見方を変えることが重要で、これを最大のテーマに置いています。

世間では介護を３Ｋと見られることも多く、ネガティブなイメージがつきまといます。確かにその側面はありますが、マイナス部分しかフォーカスされておらず、介護の魅力や素晴らしさが伝わっていません。介護に限らず、どんな仕事でもつらいことはあるもので、楽な仕事はありません。そこで、**ポジティブな情報を発信することで、世の中の介護に対する見方を変えていきたい**のです。

なぜ、世間の見方を変えたいかというと、最たる理由は介護の人材不足です。私が介護業界に入

高齢者と１年間寝食を共にした経験が礎に
ありがとうと言ってもらえる介護は天職

介護の良さを伝えるため大阪プロレスと共同事業も　写真提供：なんば経済新聞

った当初は介護事業者が少なく、人材確保は容易でしたが、だんだんと厳しくなり、リーマン・ショック前にはピークに達し、前職では求人広告を出しても電話が１本もないこともありました。高齢者人口がピークに達する30年後にはどうなるかと考えると、介護業界全体を揺るがす非常に深刻な問題で、強い危機感を持っています。

現在、介護従事者は、昔から介護業界を目指して入職した人と、リーマン・ショック以降特に増加した、他の選択肢がなくやむなく入職した人の大きく２つに分けられますが、後者の定着率は芳しくありません。やはり人材不足を解決するには、介護業界が労働マーケットとして一般化し、たとえば大卒者が就職活動する際に、職業の選択肢となる環境を作らなければなりません。

そのなかで給与の問題は、業界全体の大きな課題です。たしかに一介護職の給与は、一般産業に比べ低いですが、**リーダー、施設長とポストが上がるにつれて給与が上がり、一般企業と遜色《そんしょく》ないレベルとなります。**

当社でいえば、**営業や企画、総務、経理といった職種では他産業と大差ありません。他産業では今後事業が縮小してポストがなくなり、出世できなくなりますが、大手介護事業者であれば自《おの》ずとポストも増えます。**最初は他産業より給与は低いですが、介護は成長産業ですから**5年、10年後を見据えてキャリアアップする意志を持って介護業界に入れば、介護業界のほうが稼げる**と若い人に

「介護業界の起業家にあこがれてもらい、同じ業界で起業や就職を目指す人が増えてほしい」

■高齢者と1年間寝食を共にした経験が礎に
ありがとうと言ってもらえる介護は天職

は訴えていますね。目先でなく将来性を考えてほしいですね。

私の就職時の２０００年はＩＴバブルで、学生はこぞってソフトバンクの孫正義氏や楽天の三木谷浩史氏にあこがれ、就職ランキングでもＩＴ業界が軒並み上位を占める状況でした。最近、介護業界でも20～30代の若手経営者が増えてきました。ＩＴ業界と同じことが介護でもできるのではと思い、彼らにこうした問題提起をしたところ皆共感してくれたので、私が音頭を取って日本介護ベンチャー協会を立ち上げたのです。

若手ベンチャー経営者が情報交換し、世の中に情報発信することで、当時**学生がＩＴベンチャー経営者にあこがれたのと同様に私たちにあこがれてもらい、介護での起業や就職を目指す人が増えてほしい**のです。

幸いなことに、当時と異なり、最近の若い人は地位や名誉より、世の中のために役立ちたいという意識が強いので、共感が得られるのではと思います。同協会の活動目的にも、「介護という仕事はつらく大変だけれども、やりがいがあり、楽しい仕事である。仕事は楽して儲《もう》けるという昨今の風潮に対するアンチテーゼとして、新たなワークスタイルを提示したい」と掲げています。

――「現状を変える」という社会的使命を強く感じていると語る斉藤氏。視野は介護業界にとどまらず、日本全体を見据えている。未来の日本をどんな姿にしたいと考えているのだろうか。

明るい高齢社会を作りたいですね。結局、世の中は見方次第ですから、同じ物事をどちらから見るかで変わってきます。高齢社会をマイナスと見れば山のように問題は出るし、光を見ればプラス面も山のようにあります。

今の日本社会は、高度経済成長が終わり、バブル崩壊以降失われた20年と言われ、暗い話題しかありません。先に光がないような沈滞ムードに陥っています。今後30年間は高齢化が進展するので、明るい社会にしていくという発想の転換が大切です。前述のようなメリットもあるので、輝きを失いつつある日本に希望の光をしっかりと作っていきたいです。

そのためには成功体験を重ねていかなければなりません。

最近はよく「ナンバーワンではなくオンリーワンを目指せ」と言われます。否定する気はないのですが、ともすれば誤ったメッセージになっているという気がします。

なぜなら、ナンバーワンを否定すると、成長性や競争意識が損なわれてしまうからです。**オンリーワンというのは、特定の分野でナンバーワンになるということではないでしょうか。**

ぜひ、オンリーワンについて、一歩踏み込んだ価値観を若者には持ってもらいたいです。その可能性がある分野のひとつが介護分野だと思います。今後、国際社会のなかで、**日本は経済成長でのナンバーワンは困難ですが、介護分野では強みを発揮し、ナンバーワンを目指していけると思います。**

今後30年間、高齢者は増加し、生産年齢人口が減少していくことは不可避です。そのなかで、介護は日本では唯一といえる成長マーケットです。介護・医療が日本の今後の重点成長産業となり、日本経済を牽引《けんいん》する一大産業になりうるし、していかなくてはなりません。

財源が社会保険や税から捻出《ねんしゅつ》されるので成長産業にはならないという意見も一部にはありますが、私は周辺産業を含めて介護マーケットと捉えています。介護事業者が成長すれば、当然、金融機関や建設・不動産会社、物品・車、福祉用具も含めた周辺産業も潤うので、日本経済を担う基幹産業となりえます。

さらに海外に目を向ければ、大きなチャンスがあります。日本は少子高齢化で閉塞感が漂っているように見えますが、世界に類を見ないスピードで高齢化が進んでいるため、介護の分野では世界に対し大きなアドバンテージとなっているのです。

アジア諸国は日本と比べ人口構造が10～20年遅れているだけであり、いずれ少子高齢化となります。介護について先行している日本には、すでにあらゆるノウハウが蓄積されています。今後30年間で成果を残し、日本の高齢化モデルを確立できれば、将来、アジアで活用できます。

さらに、その後には現在の発展途上国など、世界中で連鎖的に少子高齢化が生じてきます。まさに世界共通課題で日本の介護がフロントランナーとなりうるのです。

——学生時代にやるべきことが見つからず、試行錯誤していた斉藤氏は、介護業界に道を定め、一心に進んできた。同じような若者は多いはずだ。少し先を走る先輩として、アドバイスするとしたら、それはどんなことなのだろうか。

世間でよく、最近の若者は活力がない、競争意識がない、草食系などと言われますが、それはあくまでもひとつの側面に過ぎません。全体的にそういう傾向はあるにしても、だから駄目だということは絶対にありません。

むしろこうした若者ならではの良さもあり、プラス要素もたくさんあります。たとえば、現在のIT社会で、**コンピューターゲームやデジタル機器に身近に接する若者は、ソフト等の新しい仕組みやツールにすぐに順応することができ、そうした分野での創造性を発揮できます。**これからの社会を作るのは若い人たちです。決して卑屈になる必要はありません。

職業選択に当たっては、自分に合うかどうかをしっかり見極めることが大切です。今好調な業界でも20年後、30年後にはどうなっているか、誰にも予測できません。単に世の中の流れに迎合するのはやめるべきです。

流されないようにするためには、視野を広げる必要があります。とにかくさまざまな人に会うことが一番重要です。私の経験からいっても、さまざまな出会いが今につながっています。最近ではインターネットなどさまざまなメディアがありますが、実際に会って生の声を聞くことはそれとはまったく違います。社会で元気に活躍する先輩たちと接するなかで、さまざまな考え方や生き方に触れ合うことができます。そうした機会を作って視野を広げ、自分なりのモノの見方、考え方を持ってほしいと思います。

「超高齢社会に入った日本は、介護で世界の
フロントランナーになれる」

協会概要

名　称	一般社団法人日本介護ベンチャー協会
協会所在地	〒104-0054 東京都中央区勝どき6-3-1
事務局所在地	〒130-0026 東京都墨田区両国4-25-9三和ビル3階　電話：03-5625-5577 FAX：03-5625-5587
支　部	大阪(大阪市)、東海(岐阜県土岐市)
設　立	2010年10月
代表理事	斉藤正行

事務局運営方針

- オープンな相互扶助の組織であることを基本方針とし、活動目的に賛同できる方であれば、介護業界の関係者だけに限定することなく、広義な視点で関連のある方であれば、あらゆる方の参加を歓迎することとする。 また、地域エリアも限定することなく、活動展開を広めていくことを基本とする。

会社概要

社　名	株式会社日本介護福祉グループ
本社所在地	〒130-0026 東京都墨田区両国4-25-9三和ビル3階
主な事業所	北海道、東京、千葉、山梨、九州
設　立	2005年5月
資本金	3,300万円
代表者	代表取締役　小柳壮輔

第1章　未来を担う君たちへ

「何するか」よりも「なぜするか」
若者よ、「理念=ミッション」を抱け!

小川義行《おがわよしゆき》

（イー・ライフ・グループ株式会社代表取締役）

1971 年埼玉県生まれ。「野球で親に家を建てる」を目標に、埼玉栄高等学校、拓殖大学政経学部経済学科に進む。大学 3 年時肩の故障に伴い一度野球を断念。大学卒業後、大手損害保険会社に入社。半年後「肩を治してもう一度野球をしないか」とスカウトからの誘いで打撃投手として日本ハムファイターズに入団、退団後フリーターを経て大手住宅リフォーム会社に入社、全国№ 1 の営業成績を残す。1999 年独立、イー・ライフ・グループ株式会社の前身であるテックオガワ株式会社設立、代表取締役に就任、現在に至る。

――イー・ライフ・グループ株式会社は、「リハビリデイサービスnagomi」という介護サービス拠点を全国に展開している。その数は2013年1月現在、115店舗にも上る。介護業界で屈指の急成長を遂げているが、それを裏付けているのは〝人財戦略〟であると代表取締役の小川義行氏は強調する。

「なぜあなたは働くのですか？」

読者の皆さんはこの問いかけに、どのように答えますか。

わが社では、入社時に2日間にわたって導入研修を必ず受講しなければなりません。新卒も中途採用も全員が対象で、社長である私が自らわが社の理念を中心に講義します。その冒頭、なぜあなたは働くのか、3分間という短い時間で理由を書いてもらいます。

よくある答えが、「家族を養うため」とか「生活を支えるため」。確かに生活の糧《かて》は必要ですが、実は自分のためだけの仕事、つまり「私事」ではないでしょうか。「とりあえず働く」「他の会社から内定が取れなかったから」という人もいます。これは「死事」であり、やはり「私事」だと思います。

介護サービスは、ご利用者にとって〝最後の買い物〟です。「私事」ではなく「志事」に臨むと

いう心構えがなければ、務まらない仕事です。「志事」というのは、すなわち、利用者のため、社会のために働く、という意味です。その根本を全社員が理解した上で、会社の理念を共有しなければ、チームとしてお客様に価値のあるサービスを提供できません。だからわが社では、導入研修をはじめとする〝人財教育〟に多大な時間とお金をつぎ込んでいるのです。

一般的に介護サービスは、パート・アルバイト等の非常勤を中心とした雇用形態としている事業者が大半です。また、スタッフの流動化が激しく、事業者側も入れ替えを前提とした人材採用を行っているところが多いのが実情です。介護の資格や現場経験のある人を〝即戦力〟として採用するが、短期間で辞めてしまうから教育にはあまり力を入れない……。これでは「私事」に没頭するスタッフばかりとなってしまいます。

わが社では**「徹底した標準化」と、「徹底したローコスト化」を追求することで利益を出すビジネスモデルを構築**しています。**一般産業では常識的ですが、介護業界ではこれまでまったく着手されてこなかった考え方です。**

これまでの介護業界は、「事業所が１００カ所あればサービスの提供方法も１００通り」でした。ご利用者一人ひとりに合わせて介護をするので、ばらばらになって当然という考え方です。これでは現場のスタッフへの依存度が高くなり、経営者がサービスの内容や質をマネジメントすることができません。

標準化を導入すれば、事業所をいくつ増やそうとも、理念に裏打ちされた質の高いサービスをどこでも同じように提供できます。そのために、人材教育と労働環境を最重要視しています。

人材教育では、前述の導入研修の後、約2カ月間にわたる座学、実地研修等を受講し、卒業試験に合格後、現場に配置する仕組みにしています。スタッフのほとんどが1年程度で入れ替わる介護業界では、入社直後から現場のサービスに従事してもらい収益につなげたいという考えが一般的でしょう。しかし、10年間働いてもらうなら、入社直後の研修で**理念をしっかりと理解してもらうことは、2カ月間の生産性がゼロであっても投資としては安い**というのがわが社の考え方です。

また、わが社の雇用形態は看護師を除いて全員が正社員です。そして、年間114日の休日と、業界平均比120%の給与水準を実現しています。これは後述する「リハビリデイサービスnagomi」で実践している低投資、ローコスト・オペレーションによるものですが、労働環境が整備されているので、離職率は10%以下で推移しています。

定着率が高ければ、長期勤務者が増えるので、社内にノウハウが蓄積されます。結果、「徹底した標準化」が進み、より質の高いサービスを提供できるようになるのです。

わが社にとって人材とは、〝決算書に載らない財産〟＝「人財」です。目先の利益を追い求めるならば、入社直後から現場の業務に送り出すほうがよいでしょう。しかしわが社は、**中長期を重視しているので、人材には投資を惜しまないというスタンスを貫いている**のです。

――「まだ介護施設のお世話にはなりたくない」。そんなシニアがたくさんいる現実に向き合い、たどり着いたのがアメリカの成功事例だった。そこにヒントを見出した瞬間から、介護サービスの〝イノベーション〟が始まった。

「人材は、〝決算書に載らない財産〟です」

私は常日頃から、**「何するか」よりも、「なぜするか」を重視しています。**わが社の設立から現在までの経緯を説明する上で、また、私の想いをお伝えする上で、このポイントは外せません。

わが社は１９９９年に創業しました。当初は「住宅事業を通じて健康なシニアライフを創造する」という理念を掲げ、シニアを対象にしたバリアフリー・リフォーム事業が中心でした。一方、「ご利用者の健康維持・改善」という目的を達成するために、住環境の改善だけではなく、身体介護などのサービスに取り組もうと考え、２００４年８月、埼玉県浦和市（現・さいたま市浦和区）に「和みケアスタジオ」というデイサービスをオープンしたのです。

「和みケアスタジオ」は、３６５日朝から夕方まで、食事、入浴、レクリエーション、昼寝を利用者に提供する「お預かり型」のデイサービスです。定員は25人、ご利用者の平均年齢は85歳、平均要介護度は３、男女比率は男性１に対して女性９なので、一般的なデイサービスといえます。

当初は営業に苦労しましたが、開設２年で登録者数は60人を超え、徐々に軌道に乗っていきました。しかし、気がかりなことが出てきました。ご利用者の定着率が低いのです。データを改めて分析すると、１年間で登録者の約半数が退所していました。死亡・入院での退所は想定内ですが、「ニーズが合わない」という想定外の理由が目立ちました。さらに、この人たちの統計を調べると、２つの特徴が浮かび上がってきました。

ひとつは年齢です。デイサービスのご利用者の平均年齢は85〜88歳です。しかし、退所していったご利用者は60代、70代と比較的若い人ばかりでした。もうひとつは要介護度です。退所したご利用者は、要介護度が比較的軽い人が多かったのです。

「何するか」よりも「なぜするか」若者よ、「理念＝ミッション」を抱け！

さらに詳しく探るため、退所した人たちの話を聞いて回りました。すると異口同音に「まだ施設に行くのは早い」「まだ介護なんて必要ない」と言うのです。しかも「和みケアスタジオ」を辞めた後で、意外なことに、フィットネスクラブに通っている人が多いことに気づきました。

どうしてフィットネスクラブに惹《ひ》かれるのだろうか――。すぐに訪れて確認しました。すると、日中の利用客の大半をシニアが占めていました。フィットネスクラブとシニア、という組み合わせは盲点でした。

また、利用客のうち要支援、要介護1の認定者が意外に多いということがわかりました。利用客一人ひとりに対応した個別の運動プログラムを提供しているわけではないので、たとえば、他の人ができる足上げ運動ができない人が出てくるのは当然です。それでも**フィットネスクラブに通って、お茶を飲み、友だちと話し、ストレッチをして、お風呂に入って帰る**のです。

健常な方はフィットネスクラブを利用します。また、要介護度が重い方は介護施設等に入所します。しかし、どちらにも該当しない高齢者が多いということに気づかされました。昔と同じように身体が動かなくても、まだ**元気なうちは「お預かり型」のデイサービスで過ごすのではなく、フィットネスクラブのようなところで運動して、これからも元気でいたいと考えていた**のです。

このようなニーズにこそ新しいサービスのモデルを見つけるヒントがあるのではないか、と考え

「日本でもシニアの健康を維持・改善する
ビジネスがますます求められる」

ました。手がかりとなったのが、アメリカの「ヘルスウェイズ」という会社が運営していた「シルバースニーカーズ」というビジネスモデルです。シニアがフィットネスセンターを利用して、無料でレッスン型のエクササイズを受けられる仕組みです。レッスンは筋力強化や関節可動域の拡張、バランス感覚向上、心肺機能の向上、精神の安定などを目的にプログラムされています。

日本には手厚い社会保障制度があります。医療保険では一般の現役世代では3割、介護保険では1割が自己負担で、残りは税と保険料でまかなわれています。しかし、こうした社会保障制度がないアメリカでは、それぞれ自分で民間の保険に入らなければなりません。これらの民間の保険会社は、保険加入者が通院や入院、介護が必要になると保険金を支払います。つまり、医療や介護が必要なシニアが増えると、保険会社の収益が圧迫されることになります。「シルバースニーカーズ」はそこに着眼していました。すなわち、**シニ**

アを元気にすることで保険会社の給付金を抑えて、保険会社から報酬を受けていたのです。

これこそ皆が潤う「ｗｉｎ－ｗｉｎ」のビジネスモデルです。私はこのモデルを日本の制度に合うよう組み直し、機能訓練に特化したまったく新しいデイサービスを作り出そうと決心しました。日本の介護保険制度も転換期を迎え、２００６年度から「介護予防」というコンセプトが前面に打ち出されています。要介護度が軽度な人がなるべく要支援、要介護状態にならないようにする、あるいは重症化しないようにすることが重視されています。

介護保険制度は「要介護度が重症化するほど、介護報酬の単価が高くなる」という仕組みです。ご利用者の要介護度が改善されることは本来ならば喜ばしいことなのに、介護事業者が受け取る介護報酬は下がってしまうのです。このため、軽度なご利用者の維持・改善、重症化予防をめざすサービスに積極的に取り組む事業者が少ないのが現状です。

しかし、「介護予防」に取り組まなければ、介護保険制度を支える財源がパンクしてしまうでしょう。介護保険制度がスタートした２０００年度、２１８万人だった要介護認定を受けた高齢者数は、団塊の世代の人たちが75歳以上の「後期高齢者」になる25年度には６５０万人になると予想されています。それに伴って00年度に３・６兆円だった介護保険の総費用は、12年度は８・９兆円に達し、25年度には約20兆円になると試算されています。

要介護度が重い人のためのサービスだけでなく、まだ元気なシニアのためのサービスを充実させなければ――。アメリカにおける「シルバースニーカーズ」と同様に、日本でもシニアの健康を維持・改善するビジネスがますます求められると確信しています。

――「健康的なシニアライフの創造」という理念を追い求め、従来型のモデルから脱却した、まったく新しい介護サービスを目指した小川氏。試行錯誤を重ね、文字通り〝第二の創業期〟を迎えることとなった。

私が目標としたのは、**「介護予防」事業でナンバーワンでもなく、オンリーワンでもなく、「ファーストワンになること」**でした。いち早く全国展開し、他の企業が追随しても、先行してモデルをつくり上げていれば、大きなアドバンテージをもって展開できます。

そこでまず、ターゲットを徹底的に絞り込みました。具体的には２５００万人いるシニア全員を対象にするのではなく脳血管疾患、慢性疾患、整形疾患等を中心とした比較的軽度な要介護認定者に絞ってサービスを提供するのです。

もうひとつ重要なことは、「何を」提供するか。当時はマシントレーニングを用いた「パワーリハビリテーション」が推奨されていましたが、わが社ではこれを完全に否定し、**インストラクターによるレッスン型エクササイズを採用**しました。マシントレーニングはアスリートでも継続するのが難しく、脳血管疾患、慢性疾患、整形疾患等で麻痺《まひ》が残る利用者には使えません。

「フィットネスとデイサービスの中間領域」という事業モデルの第1号店として、**2006年10月、東京都練馬区に機能訓練特化型デイサービスをオープンしました。これが「nagomi」の原型**となっています。提供するサービスは機能訓練だけで、食事や入浴、レクリエーション、昼寝といった「お預かり型」の〝定番メニュー〟は一切ありません。

サービス提供時間も見直しました。一般的なモデルは6～8時間ですが、エクササイズが中心なので長すぎます。運動プログラムの開発と合わせて試行錯誤を繰り返し、最終的にはティータイムを含めて3時間15分というスタイルに落ち着きました。

定員は当初の25人から15人に減らし、また、デイサービスの営業を1日2回転というパターンにしました。各店舗には施設長、生活相談員、インストラクター（介護職員）と看護師の4人体制で、看護師を除いてすべて正社員です。

インストラクター1人で15人のご利用者に対応するので、労働分配率が高く、利益を上げやすいシステムとなっています。逆に言えば、ご利用者の健康を維持・改善するという目的を達成できなければ事業が成り立たない仕組みです。だからこそ、どの店舗でも、どのインストラクターでも達成できるよう、徹底した標準化が必要なのです。

柱となる運動メニューは、筑波大学発のベンチャー企業、株式会社つくばウエルネスリサーチと共同調査・研究を行っているので科学的根拠に裏付けられています。「nagomi」に通うと要介護度が維持・改善されたという評判が新しい利用者を増やす、という循環を生むのです。

一般のデイサービスでは、利用者1人当たり1カ月平均8万〜10万円の介護報酬が使われています。一方、「nagomi」では平均3万円で、ほぼ3分の1程度に過ぎません。しかし、総顧客数を3倍に増やして売上を確保し、かつ徹底した標準化によりローコストでサービスを提供しているわけです。

わが社が掲げる「ご利用者の健康維持・改善」という目的。これを成し遂げることは、元気であり続けたいと願うご利用者にとっても、介護給付費の抑制が課題となっている社会にとってもメリットを提供できます。その結果、会社と社員にも利益が還元される、〝三方よし〟に結びつくのです。

――「健康的なシニアライフの創造」というミッションを成し遂げること。それはシニアと、社会と、会社・社員にとってプラスとなる〝三方よし〟を実現する。「元気なシニアを増やしたい」と

インストラクター１人で複数の利用者に対応する「nagomi」

いう志事に打ち込む小川氏は、会社と同じように一人ひとりの人生においても理念がいかに大切か力説する。

介護サービス事業の経営というのは、３年に１回実施される介護報酬改定に売上面で影響を受けやすいという特徴があります。しかし、**わが社では「徹底した標準化」「徹底したローコスト・オペレーション」によりコスト構造を変えることによって、毎年過去最高益を上げています。**リーマン・ショックの年も、東日本大震災の年も同様でした。

ただし、機能訓練特化型デイサービスを目指して試行錯誤を続けた２００６年からの約３年間は、モデルを構築するまで苦しい時期が続きました。

「常日頃から、『何するか』よりも、『なぜするか』を重視しています」

一方、従来にない斬新なスタイルであったため、スタッフ、地域のご利用者、ケアマネジャーからの反発も小さくありませんでした。社員のうち、介護業界経験者には食事も入浴もないデイサービスを受け入れてもらえず、住宅リフォーム事業を志望して入社したスタッフにはデイサービス中心の事業展開を納得してもらえません。このような社員のほとんどは退社していきました。

しかし、新卒入社と業界未経験者の社員5人だけが残ってくれました。「シニアに元気を提供するという社長の理念は変わっていない。デイサービスという手段が変わっただけ」と、私の構想に賛同してくれたのです。

彼らは全員、私の掲げる理念に共感して入社したスタッフでした。**目先の手段ではなく、絶対に**

変わらない理念や目的を共有、共感することの大切さを実感しました。この経験は、現在でもスタッフの採用や教育の指針として活かされています。

ソーシャル・サービスに興味を持っている読者の皆さんに、ぜひ訴えたいのは「企業の本質を見てほしい」ということです。会社選びは、いわば「人生選び」です。そして**企業の本質とは何かというと、「理念」の根幹の部分**です。つまり、**その会社がなぜその「理念」を掲げているのか**、という点です。

同様に、一人ひとりの人間にとっても「理念」の根幹はとても大切だと思います。**「何するか」よりも「なぜするか」が大事だと、特に若い皆さんには強く訴えたい**です。多くの人は「何するか」を先に決めてしまい、「なぜするか」を後から付け足そうとしているのではないでしょうか。しかし、それでは壁にぶつかると軸がブレてしまうのです。

ミッションとは、日本語では「使命」と書きますよね。すなわち、「命」を「使う」。とても重みがある言葉だと思いませんか。自分は、なぜ働くのか。冒頭に述べたような問いかけを繰り返し、ぜひ自らの命を捧《ささ》げられる「志事」を見つけ出してほしいと思います。

会社概要

社　名	イー・ライフ・グループ株式会社
本社所在地	〒171-0014 東京都豊島区池袋2-6-1 池袋261ビル8階
支　社	国内●大阪、福岡 海外●上海（中国）、クアラルンプール（マレーシア）
設　立	1999年8月
資本金	1億円（資本準備金含む）
代表者	小川義行
従業員数	130人（2012年12月現在）

主な事業内容

- リハビリデイサービスnagomi　直営、FC本部
- 介護、医療経営に関わるコンサルティング
- 介護保険住宅改修、福祉用具販売
- バリアフリー住宅の設計、施工
- 介護、医療施設の設計、施工
- 子供用屋内遊園地 JKidsの運営（海外事業）

医学部の受験失敗から奮起
障害者事業でイノベーションを起こす

佐藤《さとう》崇弘《たかひろ》

（株式会社ウイングル創業者兼ファウンダー）

1980年福島県生まれ。医学部を目指すが2度の受験に失敗して断念、起業を志して県立宮城大学事業構想学部へ進学。在学中に米国NASDAQでのデイトレードで利益をあげ、それを原資に知的障害者施設「ふれあい福祉会」を開設。また、高齢者施設を運営する「ライフサポート」、障害者施設の第三者評価機関「NPO法人総合研究所」なども立ち上げた。大学卒業後、長野県庁の職員となったが、2005年12月、株式会社イデアルキャリア（現・ウイングル）を設立。現在、同社は障害者に就労機会を提供する事業を中心に全国展開している。

——2度の医大受験に失敗した佐藤崇弘氏は「自暴自棄になった」という。だが心機一転、進路を変更して起業家を目指すことになった。そのきっかけはいったい何だったのだろうか?

私は、高校時代（県立福島高校）、医者になることを目指していました。でも、単なる医者というわけではありませんでした。両親が不動産業を経営していた影響もあったのでしょうが、おぼろげながらではありますが、医師免許を取った上で、なんらかのかたちの〝事業〟をやりたいと思っていたのです。そこで東北大学の医学部を目指しました。しかし現役受験のときはセンター試験での二段階選抜で不合格となり、満を持して臨んだ2年目の受験にも失敗してしまいました。

現役のときは1浪覚悟でしたから、それほどショックもありませんでした。でも2度目の失敗には、さすがに大きなショックを受けました。**「医学部がだめなら他は何をやっても同じ」という絶望感で自暴自棄になり、〝人生が終わった〟と思った**ほどでした。

そんなとき、3歳上の兄から「事業に興味があるなら」と宮城大学の事業構想学部を奨められた私は、言われるままに受験。合格はしたものの、入学してしばらくは「脱落者のレッテルを貼られた」とヘコみまくっていました。

でも、立ち直りは早いんです。すぐに気持ちを切り替えました。**「こうなったら一発逆転！ 起**

業して成功してお金持ちになるしかない」と思ったのです。いわば、〝ひとり戦後復興作戦〟ですね。

とはいうものの、経営のことなんて当然何ひとつわかっていない。一方、大学の授業を受けていてもあまり意味があるとは思えませんでした。

そこで、入学して5カ月後の2000年9月に始めたのが「株式トレード」。それも米国NASDAQマーケットでの海外取引でした。

「起業するならまず株式を知るべし。それなら株の勉強が必要だ」という単純な発想で、元手の100万円には親からの借金を当て、講習会は受けたものの、付け焼き刃の知識のみで信用取引までしていたのですから、今考えるとゾッとします。

——ところが、そのデイトレードが大成功。わずか1年で100万円が200万円になった。100万円は親に返し、手元に100万円が残った。その〝まったくの幸運〟で手にした100万円で、佐藤氏は最初の起業に挑戦した。

大学3年生になった2002年4月、私は100万円を使って「ふれあい福祉会」という職業訓練を行う障害者施設を開設しました。

なぜ、障害者施設だったのか？　私自身が、以前から「障害を持っている人たちは、社会に出たらどうするのだろう？　働くところはあるのだろうか？」と関心を持っていたことに加え、障害を持っているおじがいたことも大きいと思います。そのおじから、「障害を持っている人たちは、行政が補助金を出して運営している作業所で働いているケースが多い」と聞いた私は、こう思ったんです。

「へえ、障害のある人が働ける場所を作れば、行政から補助金がもらえるのか。でもそういう場所は少ない。どうしてみんな事業としてやらないんだろう」

私はすぐに市役所に行き、障害者施設を立ち上げるための方法や手続きを教えてもらい、2002年4月に知的障害者施設「ふれあい福祉会」を設立しました。しかし、実際に活動を始めてすぐに気が付きました。

あれ、まったく儲《もう》からない。おかしい……。

確かに補助金は出ます。でも、私の給料はまったく残りません。それどころか、親からの仕送り10万円と家庭教師のアルバイト代5万円の計15万円から携帯電話代、家賃、食費などを払い、何とか5万円ぐらい残し、それを施設に投入しなければなりませんでした。そうしないと施設の運営費とスタッフの給料をまかないきれないのです。周りから「佐藤君、すごいね。NPOの鏡だね」などと絶賛されました。でもそれと同時に気が付きました。

非営利活動は、自分の生活が保障されていることを前提とすることでしか継続させていくことはできない――自己犠牲の上でしか慈善事業が成り立たない現実が、そこにあったのです。

たとえば、ホームレスの支援などもそうですが、福祉関連の活動をしている人のほとんどは自分の収入や生活を確保した上でのボランティア活動をしています。私の始めたことは、就職しなければ続けることはできません。自分の人生を犠牲にしてでも続ければ、周りは賞賛してくれるかもしれません。でもそれは、私にとって納得できることではありませんでした。

――まさに身を削る思いでの施設運営……その努力のなかで、佐藤氏は新たなアイデアで問題解決の道を見つけ出していった。

今思えば、あの体験は私にとっていい勉強になっていますが、当時はとにかく大変でした。何より自分で作った施設だったし、雇った職員もいれば、そこに通う利用者もいました。また、行政から補助金をもらっていたので、アルバイトのように気軽にやめることもできません。そこで、法律や業界について調べたり、いろいろなところに陳情に行くなど、問題を解決すべく走り回ることになりました。

宮城県から委託された障害者施設の第三者評価機関を立ち上げたりもしましたが、その収益も焼け石に水……また、社会福祉法人格を取得できれば流れが変わるのではと考え、調べてみたのですが、数千万円の基本財産が必要ということで断念せざるを得ませんでした（2002年当時）。

しかし四苦八苦しているうちに、あるアイデアが浮かびました。高齢者の認知症患者のためのグループホームの開設です。それなら介護保険事業対象となる。それに、宮城県には遊休地を保有するオーナーが少なくない！

それが転機となりました。車で走り回って目ぼしい空き地を見つけては、遊休地の有効活用の提案を繰り返し、5カ所のグループホームを立ち上げることに成功。年商2億円ほどをあげるようになり、障害者施設も含めた事業を安定して運営できるようになったのです。**大学を卒業する頃までには、社会福祉法人格を取得するのに必要な基本財産がたまるくらいになっていました。必死になると意外にできるものですね。**

まだ学生で元手も信用もありませんでしたが、自分の存在とビジネスプランを信用してもらえたのです。この経験は大きな自信となりました。そして私は、そのまま学生起業家のポジションで大学院に進むことも考えていました。

——しかし佐藤氏はその成功に満足することはなかった。長野県のキャリア職採用試験に合格したのだ。そして新たなステージで力を発揮することとなった。それも誰も思いつかないようなアイデアで！

「自分の人生を犠牲にしてでも続ければ、周りは賞賛してくれるかもしれません。でもそれは、私にとって納得できることではありませんでした」

大学4年の1月、当時、田中康夫氏が知事を務めていた長野県が任期付きの幹部職員を公募しているという新聞記事を偶然見つけ、興味本位で応募したところ思いもかけず合格してしまいました。

公務員として働く機会なんてめったにありませんし、福祉政策についていろいろ問題意識も抱いていた私は、グループホー

「大学を卒業する頃までには、社会福祉法人格を取得するのに必要な基本財産がたまるくらいになっていました。必死になると意外とできるものですね」

ムの運営を他の人に任せて長野県に行くことにしました。

配属されたのは長野県の社会部コモンズ福祉課。高齢者、障害者、児童などに関する許認可権を握っている部署で年間予算は８００億円。私はそこの福祉幹（課長級）として働くことになりました。そこで与えられたミッションのひとつが障害者の就労機会の増加というものでした。ただし、予算ゼロが前提でした。

私はさっそく動きました。当時、フジテレビの株式を取得して話題になっていたライブドアの堀江貴文代表取締役社長のメールアドレスを知り合いから入手、業務提携をしたいとメールしたのです。提案内容は、**長野県のワインやお米をライブドアのインターネットサイトで販売するなど数項**

目。そのなかに障害者雇用を強化することも盛り込みました。

そもそも従業員301人以上の企業では障害のある人を全体の1・8%雇わなくてはいけないことになっていますが、ほとんどの企業がこれを満たしていませんでした。特に東京には300人以上の規模の企業がたくさんありますが、そのなかには1・8%に達成していない企業はごまんとあります。会社によっては罰則金が年間数億円にものぼり、社名も公表されてしまうこともあり、なんとかしたいというニーズがありました。

一方、長野県の障害者は県内で働く場所は少ない上に給与は安い。そこで長野県の障害者にライブドアで働いてもらうというシステムを提案したのです。といっても、実際に東京に出ていくわけではありません。ライブドアが運営するブログの監視業務を在宅アウトソーシングというかたちで引き受けるというビジネスモデルでした。

この私の提案は、企業側のコスト削減だけでなく、障害者の働く場の提供につながります。また、それにより障害者が自立して納税できるようになれば行政も潤う……つまり、企業、障害者、行政の三者がwin-win-winの関係になるわけです。これが後に「ウイングル」のビジネスモデルとなるわけですが、それはさておき、いよいよ双方が提携しようという段階になって堀江代表が逮捕されてしまい、ほとんどの提携が水泡に帰してしまいました。しかし、障害者雇用のシステムだけは実現させることに成功、その後、ライブドアが解体されるまで契約が続くことになりました。

——成果をあげた佐藤氏は、県庁入りして7カ月後には、24歳で全国最年少の参事（部長級）に抜擢《ばってき》され、知事の側近として多くの案件に関わることとなった。だが、約1年間、公務員の仕事を経験した佐藤氏は、「これ以上ここにいても自分の成長は望めない、やり尽くした」と感じるようになり、2005年9月には知事に辞表を提出、仙台へと戻ることにした。

長野県庁を辞めて仙台に戻ってきたときには、ベンチャー企業を立ち上げて上場したいと思っていました。そこで、2005年12月に立ち上げたのが「ウイングル」の前身となる「イデアルキャリア」でした。

簡単に言ってしまえば、**「地方にお住まいの障害のある方を遠隔地雇用という形態で採用しませんか。その取り組みに必要なサポートは私たちが行います」**というビジネスです。私たちはそれを「遠隔地雇用支援サービス」（チャレンジドサポートサービス）と呼びますが、「障害者の方々は職を獲得して自立できる、企業は障害者を雇用すればコスト削減できる、私たちはその間に入ってマー

医学部の受験失敗から奮起 障害者事業でイノベーションを起こす

ウイングルのオフィスにて

ジンをいただく」ことでみんながｗｉｎになれるということから、２００６年8月には、商号を「ウイングル」と改めました。

とはいえ、設立当初は大変でした。障害者の〝遠隔地雇用〟という先例のないビジネスだったこともあって、当初は非常に怪しまれましたね。東京にある３０1人以上の企業にテレアポして営業をかけていきましたが、まったく成約に結びつかない状態が1年くらい続きました。

——しかし、1件成約するとドミノ式に契約が伸びていき、たちまち社員数百人の企業に成長していった。今では仙台と東京に本社を置き、就労支援事業所は全国36拠点に上っている。また、ウイングルの事業は、単に障害者と企業をつなぐ「遠隔地雇用支援サービス」

だけに留まらない。就業を目指す障害者のためのパソコンスキルや就職活動スキルの訓練を行う「就労支援サービス」、発達障害のある子どもをサポート・支援する学習支援教室「Ｌｅａｆ」、あるいは発達障害のある子に関わる家族や支援者をつなぐための情報交換ネットワーク作りを目指す「インターネットメディア事業」などを展開している。それらは、もちろん、佐藤氏の打ち出した方向性だが、彼自身は、２００９年8月に代表を退き、現在はファウンダー（創業者）・大株主という立場になって、日本の介護福祉の次なるステージを模索し続けている。

福祉分野の人は「ボランティア精神が大事」とか「補助金もあるし最低限食べていくには困らない」などと言って、欲がないことを良しとする傾向があります。しかし、誤解を恐れずに言うならば、〝ほどこし主義〟では、どんなことでも長く続けることはできません。

事業として成立させ、しかもより良いサービスを提供して喜んでもらうには、自立的な事業で確実に収益をあげることが不可欠であり、それが結果的に、利用者のためになると思うのです。

私は、これまであまり日の当たらない障害者分野のビジネスをかたちにしてきましたが、イノベーションを起こすにはいい意味での欲求が必要です。そのひとつは、適正な利益をあげられることにあると思います。

確かに障害者関連事業にたずさわる者は、利益を追求すべきではないと考えるのが一般的でしょう。しかし、現実的には、毎年、行政から支給される補助金だけを頼りにし、そのなかから利益を得ようとする結果、障害者を檻《おり》のようなところに入れていてもおかしいと思わない者が出てきます。

また、「競争がない」「向上心がない」「お金に困らない」という環境のなかで、業界全体が非常

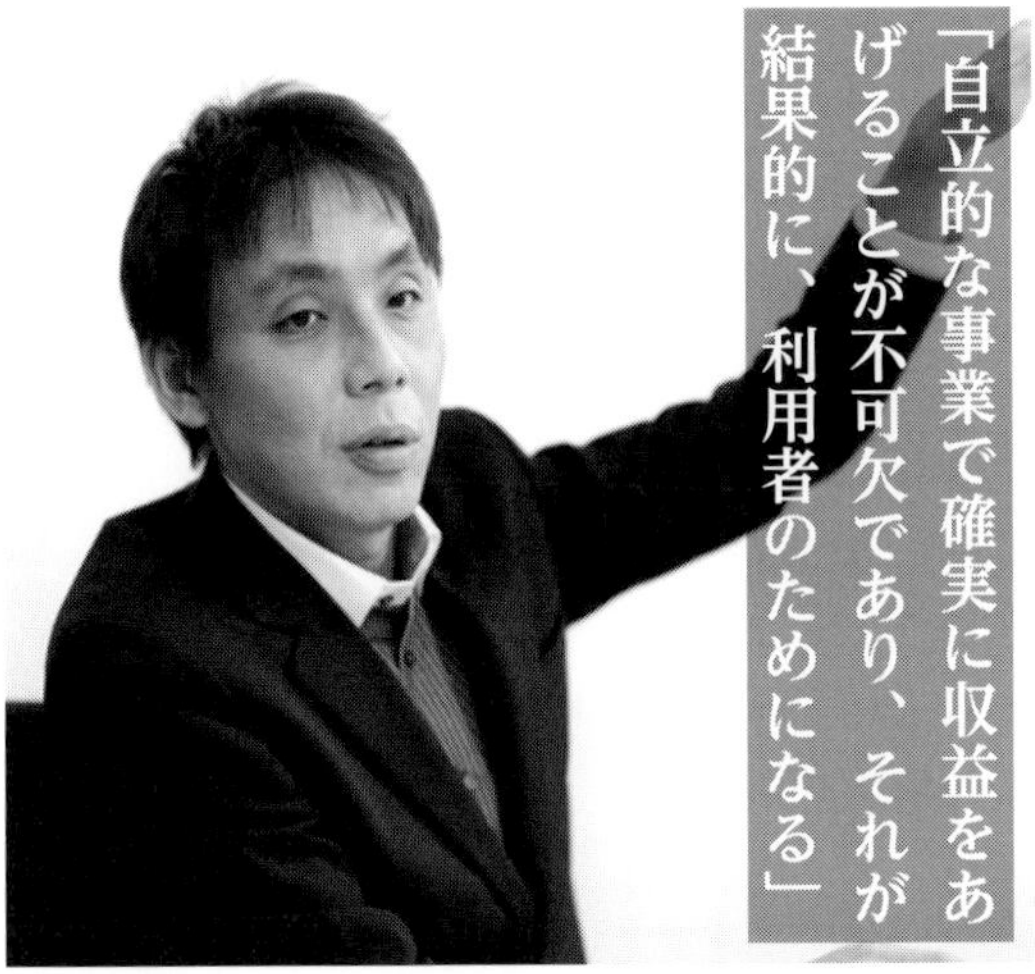

「自立的な事業で確実に収益をあげることが不可欠であり、それが結果的に、利用者のためになる」

に閉鎖的なものになってしまいます。**行政の認可を得ているし、面積要件も満たしているのだから、改善をしなくてもよいと思ってしまうわけです。それでは、本当に利用者のためになる施設運営が行われるはずがありません。**

２０００年に介護保険が民間に開放されて以降、新規参入が進むなど競争が生まれてきましたが、障害者分野は未だにほとんど開放されていません。介護保険サービスを全国展開している企業はたくさんありますが、障害者分野では社会福祉法人を含めて、都道府県をまたいで事業・サービスを展開しているのは、われ

われウイングルをはじめ少数で、どうしても色眼鏡で見られたり、批判の的にもなっています。

こうした現状を打破するためにも、障害者分野に日を当て、イノベーションを起こせるだけの土壌を作っていかなければならないと思います。


――さらに佐藤氏は、日本の行政のあり方にも厳しい目を向けると同時に、若者たちに「イノベーション」を起こせと訴える。


わが国は確かに多額の借金をしていますが、福祉施設に毎年補助金を出し続けており、まだまだ豊かな国だといえるでしょう。しかし、行政が補助金の裁量権を握るのをそろそろやめたほうがいいのではないでしょうか。

行政はサービスだといわれますが、そうであれば、裁量権は市場に任されるべきです。本当に必要なサービスなら利用者からお金を取れるのです。取れないところに問題があり、補助金に頼っている。そんなモデルはサービスとしての根本が間違っていると思います。

たとえば介護保険については、現在の本人負担1割に対してその10倍の価格のサービスが受けられるという仕組みになっていますが、半分以上は借金でまかなわれているのですから、成り立つわけがありません。行政が保険点数を全国一律に決めて、サービスのいかんに問わず、許認可基準さえ満たしていれば地域区分に応じて給付する。そこには競争はありません。つまり、**サービスを低下させ、コストを削減すればするほど利益が出るという構造になっている**ので、市場をゆがめて、良くない方向に進めてしまいます。これは決定的な問題点です。

だからこそ、補助金や助成金や保険に頼らない新しいかたちのイノベーション＝ソーシャル・ビジネスを介護や福祉全般に広げて行っていくべきですし、そうなってほしいと思うのです。

私は、若い人たちに、補助金に頼らない自立したソーシャル・ビジネスとしての介護や福祉を目指してほしいと思います。補助金を頼りにして介護保険事業をやれば安定しますが、そうではない第2の道を進んでほしい。**利用者が対価を払ってもいいと思えるような魅力的なサービスを生み出せるような、競争のある業界にすべき**だと思います。

確かに手弁当で汗水流して介護をしている人のほうが、世間受けはいいし、支援はされやすい。その意識を変えるのは大変ですが、それを超えていくようなイノベーターの出現を期待します。国に頼らない自立型のビジネスを構築して、そのノウハウを後世に伝えていく——それを実現できる人こそ、今の日本で求められているソーシャル・サービスのイノベーターなのだと思っています。

会社概要

社　名	株式会社 ウイングル
本社所在地	〒108-0014 東京都港区芝4-17-5 相鉄田町ビル(旧田町プレイス)2F
主な事業所	東京、仙台
設　立	2005年12月
資本金	4,900万円
代表者	長谷川敦弥
従業員数	530人(2012年12月現在)

主な事業内容

- 障害福祉サービス事業(就労移行支援)
- 発達障害児教育事業
- 福祉政策支援事業
- インターネットメディア事業

その他上記各号に付随する一切の業務

香港での“メイド体験”がきっかけに「女性が笑顔になれる」事業を目指す

髙橋《たかはし》ゆき
（株式会社ベアーズ専務取締役）

1969年、東京都生まれ。短大卒業後、IT関連会社、出版社を経て23歳のとき、香港特集を出版する企画で約１カ月半香港に滞在。24歳で結婚し、26歳のとき、香港の商社に転職、1995～1998年まで香港の商社で勤務する。帰国後、家事代行・ハウスクリーニングの株式会社ベアーズを夫が起業。妻、母として家庭を、ナンバー２として会社を支える。現在は専務取締役としてマーケティングとスタッフ教育を担当。日本の暮らし方研究家、家事研究家としてもテレビや雑誌、講演会などで幅広く活躍している。１男１女の母でもある。

――現在、夫と二人三脚で会社経営に携わる髙橋氏だが、はじめから家事代行サービスを志したわけではなかった。きっかけは、転職先の香港で出会ったある一人の女性の存在だったという。

１９９５年から4年間、私は香港でマーケティングマネージャーとして働いていました。商社の社長とのご縁があり、ホテルマンだった夫とともに海を渡ったのですが、その直後に妊娠がわかり、そのときの私は精神的にも未熟で、妊娠したことに戸惑ったことを覚えています。

当時の日本の企業であれば、おそらく私が妊娠を報告した途端、後任の人事を考えたことでしょう。私も、不安いっぱいで社長に報告したのですが**「素晴らしい！　これで君は、もっと素敵な仕事ができるようになる」と言われ、メイドを雇うようアドバイスされました。**香港では共働き家庭ではメイドを雇うことが当たり前の習慣だったのですね。

友人の紹介でわが家に来てくれたのが、フィリピン人女性のスーザンでした。

5歳の子どもを持つスーザンは笑顔の素敵な女性で、「お金を払って、家事を他人に任せる」ことに対して主婦としてどこか後ろめたさを感じていた私の心の壁を溶かしてくれました。

あるとき、香港で活躍する日本人女性を取り上げるという日本のテレビ局の取材を受ける機会がありました。

香港での“メイド体験”がきっかけに「女性が笑顔になれる」事業を目指す

家族、友人、スーザンと

その取材映像のなかには、妻としてワーキングマザーとしてすごく生き生きとして輝いている自分が映っていました。

日本のワーキングマザーの友人たちと話をすると、みんなフルタイムで働きながら、子育ても家事も全部自分で引き受けていることに疲れきっていました。「もうノイローゼになりそう」とこぼす友人もいました。私と何が違うのだろう？

ビデオの1シーンにその答えが映っていました。動物園で親子3人和気あいあい、動物とじゃれ合っている様子を、少し後ろで、笑顔で見守ってくれているスーザンの姿がありました。家事と育児のパートナーであるス一**ザンのおかげで私はニコニコしたやさしい母**

「スーザンのおかげで私はニコニコした母親でいることができました」

親、ストレスから夫とけんかすることのない穏やかな妻、自分らしく社会と接点を持つマーケティングマネージャーとしていることができたのです。

——その後、夫が米国のコーネル大学でホテル学を学ぶことになり、髙橋氏は子どもと2人で日本に帰国する。そこで、香港と日本の子育てをめぐる環境の違いに愕然《がくぜん》とする。そのとき、髙橋氏は何を思ったのだろうか？

帰国後、第2子を妊娠していることがわかったのですが、今度は何の心配もしていませんでした。

私の祖国、日本だったらきっと素晴らしい「スーザン」が見つかるものと思っていたからです。日本のタウンページには「メイド」という職業欄は見当たりませんでした。

そこでハウスクリーニングを頼んでみました。約束の日、3人1組の感じのいい男性が現れました。「お出かけになってもけっこうです」と言うので息子を保育園に迎えに行き、小雨も降っていたのでちょっと〝ママ友トーク〟をしてから帰宅しました。

帰ってみると、確かに台所や窓を含め、家じゅうぴかぴかになっていました。ところが、雨が降っているのに洗濯物は取り込まれず干しっぱなし、シンクに置いてあった食器はそのまま。「お客様のプライベートなものに、許可なく触れるわけにはいかない」それが彼らのルールでした。

次に家政婦紹介所に頼んで家政婦さんに来てもらいました。ところが、掃除ひとつとっても掃除機のかけ方から手順、雑巾《ぞうきん》を干す場所まで、私がすべてのルールを作り、指導しなければならない。しかも、利用者と家政婦は個人契約のため、紹介所を介しても何の保証もないのです。8人も交代してもらうことになった挙句、結局あきらめて、大きなおなかをかかえ自分一人で家事と子育てをすることになりました。

そんなとき、帰国した夫から「何があったんだい？　香港にいた頃の笑顔がまったくない」と言われ、ハッと気付きました。

日本には私のパートナーとなる「スーザン」がいないのです。ゆとりがなく孤軍奮闘する毎日が、私から香港にいたときのような笑顔を奪っていたのです。

そのことを夫に訴えると、しばらく考えた後に「新しい産業を作ろう」と切り出しました。ときどき、夫の行動力に驚かされることがあるのですが、このときもそうでした。仕事をするとか、会社を作るというならまだわかりますが、「産業を作ろう」ですから。

その後、数カ月、夫は会社勤めを続けながら、私に内緒で毎週末ハウスキーピングの修業を積んでハウスクリーニングから専門清掃の技術を習得し、現場を任されるまでに清掃技術を身に付けていました。さらに会社の登記を済ませ、電話の法人契約まで完了――そんな姿を見せられたら納得せざるを得ません。こうして日本で初めての家事代行サービス業の「株式会社ベアーズ」が誕生しました。

――髙橋氏は、ベアーズで展開する家事代行サービスと、従来の「ハウスクリーニング」「家政婦」とでは、目的やビジョンがまったく異なると言う。ベアーズの「家事代行サービス」とはいったいどんなものなのだろうか?

香港での“メイド体験”がきっかけに「女性が笑顔になれる」事業を目指す

「家事代行サービス」という言葉は、夫であり社長の髙橋健志が会社設立に当たり使った言葉です。ベアーズの家事代行サービスでは、掃除、買い物、食事の支度、子どもの送迎、洗濯などのさまざまな家事を、各家庭のニーズに合わせて行います。

しかし、作業をこなすだけではサービスとは言えません。**私たちが目指しているのは、「家庭や社会において笑顔の創出」を可能にする新産業なのです。**

そのために「お客様感動度120%への飽くなき追求」というビジョンと、ビジョンを実現するための3C、**①Communication（コミュニケーション）＝ご利用者の要望を的確に把握する、②Cordiality（コーディアリティ）＝真心をこめた思いやり、③Courtesy（コーテシー）＝プロとして礼儀正しい行動をする、**これらを家事代行サービスの指針として掲げています。

コールセンターにおける受付から、スタッフのマッチング、サービス終了後のインスペクションコール（顧客からサービスを評価してもらうための電話）まで一貫してサービス指針に基づいた対応を常に心がけています。

私たちのサービスが支えているのは「暮らし」です。私は「暮らし」と「生活」は異なるものと考えています。「生活」とは、リズムに則った行動パターンのこと。朝6時に起床して顔を洗って歯を磨き、テレビの情報番組を見て……といった具合。一方「暮らし」は、そこに人それぞれの思

「〝お客様の笑顔レベル〟を高めることが重要です」

いや感動があり、その人ならではのストーリーが伴うものと定義しています。

そこで提供しなければならないのは、生活のための「作業」ではなく、暮らしを支えるホスピタリティ・マインドあふれる「サービス」です。そのため、従事する人も言われたことを言われた通りにこなす「作業員」であってはいけません。私はホスピタリティ・マインドを「誰かのためにしてあげたことで、その人が笑顔になることをうれしいと思える気持ちのこと」と理解していますが、一番大事なのは**利用者の心の中にしかないルールブックから出てくる要望を的確に理解し、利用者を笑顔にすること。ご利用者一人ひとりの「笑顔レベル」を高めることが重要**なのです。

香港での“メイド体験”がきっかけに「女性が笑顔になれる」事業を目指す

ベアーズでは、家事代行スタッフをベアーズレディーと呼んでいます。現在、４３００人がベアーズレディーとして登録し、年間18万件の家事代行に従事しています。

登録には、まず座学の研修で「ベアーズフィロソフィー」を学びます。なぜ、家事代行サービスが必要なのか、どういう心で臨むことが必要なのかをしっかりと身に付けてもらうためです。

ベアーズのスタッフ一人ひとりが、「ベアーズフィロソフィー」を理解した上で、利用者と接するあらゆる場面で常に「お客様感動度１２０％」を目指すことにより、利用者の笑顔を創出できると考えています。

日本では家事は女性の仕事という認識が高いと思いますので、かつての私のように家事代行を利用することに怠けているような後ろめたさ、心の壁が存在する人も大勢いらっしゃると思います。でも、家事代行サービスは、お金持ちだけが利用するものでも、やむにやまれず利用するものでもありません。もちろん、ワーキングマザーが男性並みに働くために利用するものでもありません。

家事や育児、介護、仕事とプライベート、どの自分もそれぞれ「本当の自分」でしょう。毎日の暮らしでいつも何かを我慢して、あきらめながら過ごすことはとても悲しいことです。女性が「心のゆとり」や「自分らしさ」を失うことなく、愛する人のためにいつも笑顔でいることができるよう私たちのサービスを活用していただきたいのです。

日本の男性や子どもたちを元気にする源は、女性の心からの笑顔でしょう。**日本を元気にするためにも、女性たちには常に輝く笑顔でいてほしい。ベアーズのサービスは、その笑顔の創出に貢献できる**と信じています。

――「ぬくもりのある家事代行」を掲げて発展を遂げたベアーズ。そのサービスの及ぶ範囲は、ご利用者とのやり取りのなかからニーズを把握することで、どんどん広がっていったという。

一番人気のあるサービスは、「デラックス」（月1回2時間7830円からの月額定額制）ですが、それにとどまらず家事代行を軸にどんどんサービスが広がっています。

ベアーズレディーには力仕事を頼みにくいという利用者の声に応《こた》えて、男性スタッフ版家事代行の「マッスルベアーズ」が生まれました。

家事代行の合間にペットシッターも、とのご利用者のご要望から生まれたサービス「ハピラキペットサービス」では、動物が好きなのに飼うことのできないという方からのスタッフ採用への応募が殺到しました。飼い主さんがハッピーなのはもちろん、ベアーズレディーも動物と触れ合えてラッキーということで「ハピラキ」と名付けました。

香港での“メイド体験”がきっかけに「女性が笑顔になれる」事業を目指す

社内にはやる気と笑顔があふれている

２０１０年から始めた、家族介護支援のファミリーサポートサービスは、介護のため家事ができない主婦の方や、高齢で家事がつらい方のためのサービスです。介護保険は適用されませんが、利用者のニーズに合わせたきめ細かいサービスが可能です。

「ゆとり」の時間をプレゼントというコンセプトの家事代行のギフトチケットは、自分で家事代行を利用するのは抵抗があるけれど、プレゼントでいただいたら使いやすいという方に幅広くご利用いただいています。

ネットはもちろん、コンビニなどでも気軽に購入できるので、母親へ、あるいは妻へのプレゼントとして好評を得ています。パッケージギフトとして発売した「おそうじ美人」は、パッケージもきれいで女性へのプレゼントに最適とこちらも好評です。

見ず知らずの人間がご自宅を訪ねるということに抵抗を感じるという方も多いでしょう。スタッフと直接触れ合うことでベアーズの良さを知っていただくことを目的に、2011年自由が丘に、2012年は船橋に、対面型のベアーズホームエイドショップも出店しました。物品ではなく、サービスを売るためのショップです。クリーニング店を併設することで、近所の方に気軽にご来店いただき、家事代行サービスのご利用にもつながっているようです。

いずれのサービスも、**ご利用者に直接お会いしてその声に真摯《しんし》に耳を傾けるなかで生まれたものです。サービスは常に進化し続けるものですし、完成形はありません。その時代時代に合わせたサービスのかたちを提案していくことが大切**です。

私たちは家事代行サービスという産業を、イノベーションによって成長させていくリーディングカンパニーであり続けていきたいのです。

――「利用者の皆様に輝いて、感動してもらいたいのであれば、感動してもらうような働き方をしなければならない」と語る髙橋氏は、働く側が輝くことを重視する。それは若い世代に向けて、重要なメッセージともいえる。

香港での“メイド体験”がきっかけに「女性が笑顔になれる」事業を目指す

ベアーズは創業当初から、「がんばる女性を応援したい」というスローガンを掲げてきましたが、これは利用者だけを念頭に置いたものではありません。**雇用の創出や、働く人自身の満足度の引き上げも考えていかなければならないと思っています。**

働く人一人ひとりが輝き、感動体験を持ち続けることが大事だと考えているからです。**自分が生きていることで誰かの役に立てることがうれしいと思うことができる心を、ひとつでも多くこの日本で育《はぐく》んでいきたい。**そして、その対象は何も若い人たちばかりではありません。

50、60、70代の女性のなかには、ようやく子どもや孫が手を離れ、ひと段落したけれど、まだまだ元気で誰かの役に立ちたいという人が大勢います。実際、4300人のベアーズレディーは20代から70代までいて、最も多いボリュームゾーンは50代半ばです。最高齢は74歳です。年齢に関係なく、人の役に立ちたいと思っている人たちがいる。そうした「がんばる人たち」にフィールドを用意してあげたい。レジは打てないし、パソコンを使いこなすなんてとても無理。コールセンターに勤めても機器の操作がよくわからない。そこでベアーズです。**〝お母さん業〟で培ってきた、人生そのものを活《い》かせるフィールド**なのです。

でも、9周年を迎えたとき、この「がんばる女性を応援する」というスローガンが急に古ぼけて見えたのです。もう「がんばる時代ではない」と。女性誌などを見ると、「凛《りん》として」とか「しゃきっとして」といったようなコピーが躍っていましたが、男性よりも前に出て肩で風を切って自信満々に歩くというのでなく、母性的な心を持った生き方のほうが女性を輝かせられると思ったのです。

そこで10年目を機に「女性の〝愛する心〟を応援します」にスローガンを変えました。ベアーズレディーが優しい心を持ち、ご利用者の笑顔を想像して行うサービスを提供することこそ、ベアーズの目指すサービスですし、日本の女性を輝かせることにもつながると思います。

ベアーズレディーに「ベアーズフィロソフィー」を徹底し、一人ひとりが感謝の心と笑顔をもって利用者と接することにより、ベアーズは単なるサービスの提供者ではなく、ご利用者のパートナーでありライフサポーターとなります。

サービス業では「お客様は神様」と言われ、お客様本位のサービスが求められますが、将来を見据えればそうした時代は変わっていくのかもしれません。

若い人たちにもできれば愛と感謝ももってサービスに従事していただきたいですね。

そのためにはまず、自分自身をきちんと愛することが大切です。最近は、自分のことが好きになれない若い人が多いような気がするのです。

自分を愛することのできる力が、相手を信じ、愛する力になりますし、相手を信じ、愛する力からこそ、良い対人関係を構築する力やコミュニケーション力は生まれます。

自分を想える人こそ他人の自立をサポートできるのです。自分を愛し、その愛があふれていれば、隣にいる人にも自然と優しくなれると思うのです。

「自分が生きていることで誰かの役に立てることがうれしいと思うことができる心を、ひとつでも多くこの日本で育んでいきたい」

会社概要

社名	株式会社ベアーズ
本社所在地	〒103-0014 東京都中央区日本橋蛎殻町1-34-5
主な事業所	東京、神奈川、大阪
設立	1999年10月
資本金	8,950万円
代表者	髙橋健志
従業員数	100人 （登録スタッフ数：4,300人、2012年12月現在）

主な事業内容

- 家事代行サービス（ロイヤルメイドサービス）
- ハウスクリーニング
- キッズ＆ベビーシッターサービス
- ファミリーサポート（介護支援）サービス
- ホテル、オフィス、店舗、ビル清掃サービス
- マンションコンシェルジュサービス

自ら介護者となってビジネスモデルを模索
ITを駆使して介護業界に新風を吹き込む

別宮《べっく》圭一《けいいち》

（株式会社インターネットインフィニティー 代表取締役社長）

1972 年愛媛県生まれ。新卒でコンピューターメーカーに就職した後、コンピューター系専門出版社の営業職として勤務。その後、「顧客に直接システムを販売する仕事をしたい」とシステム開発のベンチャー企業に転職、2001 年には自ら独立して「インターネットインフィニティー」を設立した。趣味は読書、ゴルフ。自らホームヘルパー２級の資格を取得して介護の現場に飛び込み、「インターネットを使って幸せな介護を実現したい」という夢を持って、訪問介護やデイサービスの運営を通じた、新たなサービスのあり方を模索し続けている。

——システム開発のベンチャー企業で営業マンとして約3年間働いていた別宮圭一氏が、インターネットインフィニティーを設立したのは29歳のときだった。独立、そして介護の世界での事業の展開……その糸口はいったい何だったのだろうか。

インターネットインフィニティーは、インターネット関係のシステム開発事業を目的に2001年に設立した会社です。システムの〝導入〟だけでなく、お客様のビジョンを共有した上で〝システム面から事業をサポート〟していく仕事もしたくなったというのが起業の動機でした。ただし、最初から介護の世界で事業を展開しようと思っていたわけではありませんでした。ＩＴバブルが弾けた後の起業でしたが、システム開発にはまだ需要があり、設立から1年間くらいは介護とはまったく無縁の世界で仕事をやっていました。

介護業界に入るきっかけはたまたまです。訪問介護事業所を運営している知り合いの社長さんから、簡単な社内の業務システムの開発を依頼されたのですが、当時の私は、介護に関してはまったく知識のないズブの素人……そこでとりあえず現場に入り、事業内容の把握から始めたのですが、現場でまず感じたのは介護業界のＩＴ化の遅れでした。従業員のＩＴリテラシーの低さには正直ビックリさせられました。しかしそれと同時に、「どうせ関わるのであれば、何か特徴のある仕事を

自ら介護者となってビジネスモデルを模索
ＩＴを駆使して介護業界に新風を吹き込む

社員との密なコミュニケーションが良いサービスをつくる

したい」という気持ちが芽生えました。**介護の世界でのIT化の遅れやITリテラシーの低さに、新たな市場の可能性を感じ、まさに目の前に〝ブルーオーシャン〟が広がっているような高揚感がありました。**単にハード機器の販売、業務ソフトの導入、あるいは事業所内のネットワークの構築などだけではない、インターネットを使った特徴のあるビジネスモデルを新たに構築し実績を作ることで、介護業界での新たなビジネスを展開できるのではないかと考えたのです。

もっとも、素人がそう簡単に他社をしのぐビジネスモデルなど作れるわけがありません。悶々《もんもん》と思索を巡らす日々が続くなかで、「まず介護のことを熟知しなければビジネスモデルなど作れない」という思いに至りました。**ならば自分自身が介護事業に携わり、介護従事者の立場、介護事業者の立場で事業内容を見てみ**

ようそしてカスタマーの立場をよく理解した上で課題を見極め、それに対応したインターネットサービスを開発することこそが、特徴のあるビジネスモデルの展開へとつながる――という結論に達し、訪問介護事業に着手したのです。それが２００２年の秋でした。

――訪問介護事業はかつての職場の後輩と２人でスタートさせた。ともにホームヘルパー２級の資格は取ったものの、それだけでは心許《こころもと》ないので、女性のベテラン・ヘルパーも１人雇った。さらに別宮氏は、妻に事務を頼んだ。ただし無給だった。

いざ介護の世界に触れてみると、見るものすべてが初めてのことばかりで新鮮でした。介護という仕事は人と人との1対1のコミュニケーションがすべてで、ＩＴの仕事と対極でした。そしてそれから2年半から3年ぐらいの間は介護事業に専念しました。介護の世界にすっかりハマってしまったのです。

私はもっぱら営業を担当しましたが、当時はまだ、ほとんどの事業所が看板を出すだけで、利用者が来るのを待っているような状況でした。競合他社の営業マンがいなかったため、ものすごい勢いでお客様が増え、事業所の数も1つ2つと増えていき、デイサービス事業所や居宅介護支援事業所などもすぐに立ち上げました。しかし、会社の規模もそれなりに大きくなってくると、私のなかで「一巡してやりきった」という気持ちが芽生え、介護業界参入の動機であった特徴のあるビジネスモデルの構築の実現化に意識が向き始めました。

その頃、私は自転車で営業回りをしていましたが、介護業界における営業活動には地域コミュニケーションの構築が重要です。彼（彼女）らを1カ所にまとめて講演を行えば手っ取り早く情報が伝わるのでしょうけれど、皆さん忙しいので現実的に無理。どうしたらケアマネジャーたちとの効率の良い地域コミュニケーションが可能となるのかと、常に頭を悩ませていました私はある日、ふと考えたのです。

「介護の世界にすっかりハマってしまいました」

「そうだ！　ケアマネジャーさんにはインターネット上で集まってもらおう。そうすれば私の考えに賛同する事業所の経営者、管理者や営業責任者の方たちが、興味を持つのではないだろうか」

そして、その思いつきを２００５年に立ち上げたケアマネジャー専門のポータルサイト「ケアマネジメント・オンライン」で実現化したのです。
「ケアマネジメント・オンライン」は、彼（彼女）らに簡易登録してもらい、当社との間で双方向での情報のやり取りをするというものです。これにより、たとえばアンケートの実施をしたいときには、全国にいる登録ケアマネジャーさんにスクリーニングをしてアンケートを依頼することも可能です。あるいは、高齢者のＱＯＬ（クオリティ・オブ・ライフ）向上のための情報提供を無料で行い広く活用してもらうとか、いろいろなサービスパターンが考えられます。ＩＴの世界では当たり前のサービスですが、実は介護業界では初めての試みであり画期的なことだったのです。

――おしなべてＩＴリテラシーが低い介護業界のなかにあって、ケアマネジャーという業種はＩＴとの親和性が比較的高い集団といえる。そこで別宮氏のビジネスモデルは高い評価を受けることとなった。だが、別宮氏は、介護業界でのＩＴ化はまだまだ発展途上だという。

介護の世界は、被介護者から見ると情報があまりにも少な過ぎると思います。他の産業、たとえば飲食でも美容でも不動産でもネットで簡単にさまざまな情報を得られますし、比較検討しながら

自ら介護者となってビジネスモデルを模索
ＩＴを駆使して介護業界に新風を吹き込む

取捨選択することは可能です。翻って介護の業界では、有料老人ホームに関する情報が若干ある程度で、現実的には皆無に等しい。もちろん、情報提供についての取り組みは国や自治体などでもやっていますが、正直どれも使いやすいとは言い難いのが現状です。

他の業界ではすでにクラウドの導入が進んでおり、整理された膨大な情報にいろいろなところからアクセスでき、情報共有の効率化が実現しています。それに比べ介護業界では、現在もなおＩＴ化についてはまったくの発展途上なのです。しかし、だからこそ面白味があるともいえるわけです。

請求書の伝票処理が今までの２倍のスピードになった、情報共有により介護サービス利用者のＱＯＬの向上が促されたなどの直接的なフィードバックが可能になった――そんな光景を目《ま》の当たりにすると、こちらのモチベーションも非常に高まります。「成果が出るリハビリを提供するにはどうしたらいいのか」とか「オペレーションをシンプルにするにはどうしたらいいか」など、インターネットと組み合わせることによって解決可能となる業務上の課題はまだまだたくさんあります。

おかげさまで「ケアマネジメント・オンライン」は、業界では相応の評価を得るまでになりました。もちろん、普及のための努力もしてきました。ケアマネジャーの業務支援というのがサイトの〝売り〟ですから、たとえば日々の業務報告などで使う例文集や雛形《ひながた》などをたくさん用意して、「どうぞ無料で使ってください」といったサービスなども行ってきました。そうした便利なツールを提供することで、ユーザーであるケアマネジャーさんが口コミでサイトの存在を広めてくださった。
もっとも、大変だったのはその後です。ポータルサイト事業ですから、広告を集めなくては運営が成り立ちません。今でこそケアマネジャーという言葉は広く認知されていますが、開設当初はほとんど世間では知られていませんでした。「ケアマネジャー専門のポータルサイト」といってもクライアントにはその意味が理解できない状況がしばらくは続きました。経営的に採算が取れるようになったのは、ここ1～2年ぐらいです。

「インターネットと組み合わせることによって解決可能となる業務上の課題はまだまだたくさんあります」

——高齢化が急激に進む日本で介護事業が今後ますます大きなビジネスマーケットとなっていくことは間違いない。当然、同業他社との生き残りを賭けた競争は激化していく。そんななか、別宮氏は業界の将来像をどう描いているのだろうか。

私たちの介護に対する思いは開設当初から変わっていません。訪問介護、デイサービス事業などの介護事業についても、ポータルサイトの運営同様にやりがいを感じており、今後も可能な限り成長させていこうと思っています。格好いい言い方をすれば、目指すのはウェブ（ＩＴ）とリアル（介護サービス）との2本柱での介護事業展開といったところでしょうか。その上で、**他社がやれないユニークなビジネスモデルを目指したい。それがわが社のＤＮＡなのです**から。

10年後20年後を考えたとき、介護事業は巨大なビジネスマーケットになるでしょう。だからこそ、しっかりと足下を固めていかなければいけません。今がその大切な時期であるわけですが、問題はさらにその先です。おそらく今後、介護におけるソフトウェア的な部分を海外に輸出する時代がやってくるでしょう。中国やアジア諸国で介護ビジネスのマーケットが拡大していくといわれていますが、私もその通りだと思います。

日本国内での介護保険サービスというのは、重度者を対象としたセーフティネットとして機能し続けていくことはもちろん重要ですが、最終的にはより本質的な介護へとシフトしていくというのが私の持論です。そこでの**豊富な成功事例をいわゆるインフラのようなかたちで各国に輸出する時代がやがては来る**はずです。というのも、介護の本質的なソフト部分は、文化や言葉が違っても十分に通用する基本的なサービスや概念だからです。向こう10年で日本の主要産業はさらに弱体化し、下降線を描くことになるかもしれません。そうなる前に海外で通用するような普遍的なソフトの構築を介護の世界でしっかりと作っておくべきだと思います。

――では、世界に通用する、介護の世界の普遍的なソフトとはいったいどのようなものなのか。別宮氏が描くイメージは極めて具体的なものである。

私が常々不思議だと思うのは、介護業界での労働に対する認識のされ方です。たとえば、5人で行うサービスより10人で行うサービスのほうが「手厚い介護が可能となるから良い」と評価される。こうした認識は、他業界、たとえば製造業などでは考えられません。**5人で提供していた介護を、創意工夫によってどうすれば質・量とも下げずに4人で提供できるようになるか――こういったことを考えていかないといけない**と思います。そうすることで、5人分の給料を4人で分け1人当たりの収入を増やすことが可能となるわけです。結果、介護職の処遇改善にもつながります。これは製造業では普通に行われていることですが、介護業界でそうしたことをやると白い目で見られる。私から見ると、この業界は無駄な水が染み込んだジャブジャブ状態のスポンジです。サービスの質・量を下げずとも絞れるところはたくさんあります。

若い従業員が会社に活力を与えている

たとえばデイサービスでは現在、入浴や食事、レクリエーションといったサービスが提供されています。これなども社会のニーズに合わせて変革する余地はたくさんあるでしょう。3時間の短時間型リハビリテーションを謳《うた》ったデイサービスが増えていますが、サービスの効率化についてはもっと加速させるべきだと思っています。施設介護においてもオペレーションの効率化はまだまだ可能でしょう。サービスの質や安全面での配慮はしっかりと担保されなければいけませんが、センサー技術を活用し、見守りシステムに工夫を加えるなど、ＩＴテクノロジーの利用、オペレーションの効率化によってカバーできる部分はたくさんあります。

介護という仕事の魅力のひとつに、〝お金で買えない感動〞を挙げる人がいます。私はあまりそうは思いません。被介護者人口が今後拡大していくのは明らかですし、このままの状況が続けば保険制度が破綻するのは目に見えています。だからといって、「高齢者のＱＯＬを下げるわけにはいけない、だから介護の質を維持するために税金を上げなくてはいけない」という発想では、結果的に納税者である現役世代が苦しむことになります。「誰もが幸せな介護」というかたちとはほど遠いと思います。

では何をすべきかといえば、やはり介護業界にイノベーションを起こさなくてはいけません。私はそう思っています。**現在のコストで提供される介護サービスを、どうすれば質を維持したままで5倍、10倍、１００倍の量に拡大できるのか。**それを真剣に追求していかなくてはいけない時期を迎えています。業界全体でＩＴシステムや機械をより積極的に導入し、効率の良いオペレーションシステムを構築し、安価で質の良いサービス提供を実現化させていく――そうした企業チャレンジのなかでこそ、健全なビジネスとしての未来があるのではないでしょうか。その未来こそが介護という仕事の魅力のひとつなのです。

「高齢者にキーボードの操作なんて無理だ」という声も聞きますが、ＩＴの知識が皆無でも、本人は意識せずにその恩恵を受けている、そういう利用の仕方もあるのです。たとえば、インターネットやＷｉＦｉなどを使ってセンサーから健康情報を取るとか、問診票にタッチするだけでさまざまな記録が閲覧でき、それをご家族に自動でフィードバックする――こうしたサービスだって立派に〃インターネットを使う〃ということなのです。そのような状態を介護業界で作っていきたいというのが私の思いです。

もちろん、今の介護の現場には、現実的に厳しい部分もたくさんあることは私自身も認識しています。当社の訪問介護では24時間対応の地域包括ケアを目指していますが、常にスタッフが足りない状態です。結果として利用者にご迷惑をおかけしている面もあるかと思います。そうした点は反省すべき点でしょう。

一方で、重度者に対応した特別養護老人ホームやグループホームなどでは、サービスの質以前に「人間の尊厳」をどうやって守るかが喫緊の課題となっていますが、そうした分野については、やはり公的な機関が国からのサポートを受けながら運営するのがベストだと思います。社会福祉法人などが中心となり一律的に**人間と**

しての尊厳に配慮しながら、利用者を最期の看取《みと》りまでフォローするような仕組みをしっかりと制度として構築すべきだと思いますし、この分野に関してはイノベーションによるサービスの効率化やコスト削減といった考え方は、そぐわないと感じています。

――確かに介護の問題は、今や国民全体の問題となりつつあるが、別宮氏は次代を担う若者たちに、「努力を惜しまず、挑戦してほしい」と訴える。

最近、私は新卒の学生の方と話す機会が多いのですが、皆さんソーシャル・ビジネスにものすごく興味を持たれています。歓迎すべきことですが、世のため人のためになることをやるだけにとどまらず、知恵を絞ってしっかりと事業化するところまで、ぜひ行っていただきたい。**企業として安定的に利益を出し、キチンと税金を納めていかなければ介護保険サービスの継続は望めませんし、社会も回っていきません。**私は、介護の仕事はれっきとしたサービス業だと思っています。サービス業＝ビジネスライクという人もいますが、それは一面しか見ていない捉え方です。

サービス業とは、本来、お客様のことを考えて誠心誠意のサービスを提供することで対価を得る仕事です。本当に良いサービスを継続して提供することで初めて事業が成立するのです。もちろん

自ら介護者となってビジネスモデルを模索　ＩＴを駆使して介護業界に新風を吹き込む

介護事業は、公的保険制度に依拠した事業ですから、他業界以上にサービス提供事業者としてのモラルは必要です。では、そのモラルとは何か？　少なくとも「福祉という美名の下で放漫経営を行い利益のことをまったく考えない」「赤字経営で納税できない」というのは、事業者モラルに反する行為です。サービス提供に対するコミットメント、顧客満足度へのコミットメントは最低限するべきだし、その上で経営面でもしっかりと知恵を絞って利益を生むビジネススタイルを作り、そして納税する——こうした事業運営こそが、公費を財源とする介護事業者としての最低限のモラルだと私は思っています。

また、介護というリアルな世界でのイノベーションには、もうひとつ別の側面もあることを強調しておきたいと思います。イノベーションというと「ドラえもん」のポケットのようにアッと驚くようなものがポーンと出てきて、社会が一変するイメージを持っておられる読者もいるかもしれません。しかし、イノベーションというのは、実際の現場でコツコツと積み重ねることでしか生まれません。それはまさに「努力」という言葉に言い換えてもいいのかもしれません。これから介護業界に飛び込もうという若い方たちには、そうした努力を惜しまず、また、失敗を恐れずにどんどん新しいことにチャレンジをしていただきたい。介護業界は今、そんな若い人たちの知恵と実行力を必要としています。

会社概要

社名	株式会社インターネットインフィニティー
本社所在地	〒104-0045 東京都中央区築地5-6-10 浜離宮パークサイドプレイス15階
設立	2001年5月
資本金	9,962万5,500円(2012年3月31日現在)
代表者	別宮圭一
従業員数	正社員129人(2012年4月1日現在) パート・アルバイト257人(2012年4月1日現在)
URL	http://iif.jp

主な事業内容

- 介護関連情報提供サービス事業(ケアマネジメント・オンライン、わかるかいご他)
- 老人ホーム紹介事業(日本有料老人ホーム紹介センター)
- シルバーフィットネス事業(レコードブック)
- 通所介護事業(クローバーデイサービス)
- 訪問介護、居宅支援事業(クローバーケアステーション)
- 福祉用具レンタル販売事業
- 高齢者住宅リフォーム事業

第2章　社会で役立つ人になるために

松田公太 Talk with 斉藤正行

20年後の日本のために今、すべきこと

失敗は次の成長の糧となる
ソーシャル・サービスで世界に飛び出していこう

――学生時代にインターンシップで政治家秘書として働いていた斉藤正行氏。介護業界の若手リーダーが、ソーシャル・サービスを志したスタートラインは政治だった。その斉藤氏と、アントレプレナー（起業家）出身の政治家、松田公太参議院議員がこれから日本のソーシャル・ビジネスを担っていく若い世代に向けて語った。

松田：斉藤さんとは何度かお会いしていますね。斉藤さんたちのように、新しいチャレンジをすることは、これからの日本にとって非常に重要なことだと感じています。特に若い人たちにはチャレンジする志を持っていただきたいです。

斉藤：若者といっても、世代によってだいぶ差があるように感じています。松田さんの世代と比べて、今の20代と接したときに感じることはありますか。

松田：私が大学生の頃や社会人なりたての頃は、まだバブルの影響が強く残っていました。がむしゃらに働くという雰囲気がありましたね。

当時、流行《はや》っていたCMコピーに「24時間働けますか」というのがあったほど、とにかく企業戦

失敗は次の成長の糧となる
ソーシャル・サービスで世界に飛び出していこう

●松田公太（まつだ　こうた）プロフィール

1968年12月3日生まれ。5歳から17歳までの大半をアフリカとアメリカで過ごす。1990年、筑波大学国際関係学類卒業後、三和銀行（現・三菱東京ＵＦＪ銀行）に入行。その後、1998年に、タリーズコーヒージャパン株式会社を設立。約3年で株式を上場し、300店舗を超えるコーヒーチェーンに。2010年7月参議院議員に当選。著書『すべては1杯のコーヒーから』（新潮文庫）、『仕事は5年でやめなさい。』（サンマーク出版）などがある。

政治という共通項を持つ２人は、「日本のため」という思いが強い

士の時代でした。そして、がむしゃらにやれば明るい未来が拓《ひら》けるんだと日本社会全体が信じていました。

ところがバブルが崩壊して、「どんなに頑張っても変えられないものがある」という雰囲気が広がってきました。それがこの20年間だと思います。

私は高校生まで海外で育ったので、日本の教育を受けていません。特に私が中学・高校時代を過ごしたアメリカは競争社会ですから、学校でも何事にも順位をつけます。だから、「みんなで一緒に」という感覚はありません。むしろ、「個人がそれぞれの良いところを伸ばしなさい。ダメなところは切り捨ててもいいですよ」という教育をしている国です。

一方、日本のゆとり教育は知識を詰め込むことはせず、まずは自分探しをやりましょうという面がありました。実際、最近の大学生や新社会人たちと話をすると、その影響が出ているなと感じています。戦後復興期からバブル期に社会人だった人たちが持っていたがむしゃらさが見られないのです。けれども、**「自分は何のためにこの世に存在しているのか」と、よく考える人が増えた**と思います。これは、成熟社会におけるひとつの特徴なのでしょう。

自分はどのような使命を持って生まれてきたのかと思う人にとって、自分一人がハッピーになることは、あまり意味を持ちません。むしろ、**自分の周りの人をハッピーにしたいとか、苦しんでいる人たちがいたら助けたいという気持ちが働く動機になっている人が増えた**と思います。

もともと日本人には助け合いの精神があります。東日本大震災でも、協力し合う姿が各地にありました。私はさまざまな国で生活してきましたが、思いやりを持って助け合うことができるのは海外の人々との大きな違いだと思います。日本人にはソーシャル・サービスに向いている国民性があると思います。

――世の中に貢献したいという熱い思い

斉藤：ところで、松田さんはなぜ起業しようと思われたのですか。

タリーズコーヒー銀座1号店創業当時の松田氏。お店で母妹と

松田：子ども時代、海外に住んでいた頃、どの国でも日本は変わった国だと周囲の人から言われました。食べ物ひとつとっても、生の魚を食べる野蛮人だと。

日本人としての誇りを強く持っていたので、とても悲しい気持ちになりましたが、同時に、日本の素晴らしさを多くの人に伝えたいと思うようになり、「文化を通じて日本と世界の架け橋となる」という私の人生の目的が生まれたのです。高校生のときから身体に良い日本食をアメリカに広めたいと思っていました。だから将来は、アメリカで寿司チェーン店をやれないかと考えていたのですが、しばらくしてアメリカで寿司ブームになってしまい、**他の人が寿司を広めてくれるなら、それはそれで自分にとってハッピーなことでしたから、**

もう自分でやる必要はないと思いました。

社会人になり、たまたま日本にはまだなかったスペシャルティコーヒー（素晴らしい風味特性を持った厳選されたコーヒー）をアメリカで見つけたのです。当時コーヒー嫌いだった私が、あまりの美味《おい》しさに感動するほどでした。そして、これほど美味しいコーヒーを、逆に日本に伝えたいと思ったのです。

その頃、私は銀行員でしたが、当時の日本には職場で仕事をしながらコーヒーを飲むような習慣はなく、上司に「お前、仕事をなめているのか！」と叱られるような時代でした。アメリカ人はコーヒーを飲みながらオフィスで仕事をしたり、カップを持ちながら街を歩いています。

そういった新しいライフスタイル＝文化を日本人にも伝えたいと思いました。

斉藤：私も介護の会社で経営に携わり、

「まず、世の中の役に立つことを考えています」

業界団体を作ったりしていますが、利益や金儲《かねもう》けというより、まず、世の中の役に立つことを考えています。

学生で過ごしたのでバブルの実感はなかった世代ですが、日本ほど豊かで良い国はないとは思っていました。安全で平和ですしね。若者のニートや自殺という問題がありますが、それでも意欲とやる気さえあれば、とりあえずは生活できる社会です。

ところが介護業界に入って見方が変わりました。大きな老人ホームで、お年寄りが流れ作業でモノのように扱われている様子を見て衝撃を受けたのです。豊かな日本を作ってきたお年寄りが、介護の必要な状態になったとき、人として尊厳を持って生活できない環境があちこちにありました。また、認知症のお年寄りを抱えて経済的、肉体的、精神的に崩壊、あるいは崩壊しかかっている家庭が日本全国に何万軒もあることを知って、**高齢者にとっての日本は自由で平和、そして安全な国ではない**と感じました。この危機感から業界団体を作り活動をしてきました。

――介護者自身が幸せでこそ介護は成り立つ

松田：私が介護に関して思うのは、働いている人たちの処遇を含めたワークライフバランスです。

私の親戚に介護の仕事をしていた人がいます。その人は大手の介護会社に正社員として勤務していましたが、給料はとても低く、大変な思いをしていたようです。たとえば介護施設で利用者と一緒にクリスマスパーティーをしようと企画しても、費用は職員たちが持ち寄るしかないというのです。また、利用者に職員の携帯電話の番号を教えるため電話でのやり取りが多いのに、通話料さえ会社から出してもらえなかったと聞いています。

とてもやる気満々だったその人は、わずか2年で疲弊しきってしまいました。私はその姿を見て、**「人間は自分の生活が安定して幸せじゃないと、他の人を幸せになんかできない」**と強く思いました。今後、介護者のリビングスタンダード（生活水準）を高めていくことが必要です。

国会で質疑の場に立つ松田議員

これはソーシャル・アントレプレナー（社会的起業家）にも同じことが言えます。たとえば斉藤さんが日本介護ベンチャー協会を作って活動していくのに、年収が200万円にも届かないような状況なら、その取り組みを続けていくことはできないでしょう。

日本には、奉仕活動的な仕事をしている人たちの給料は低くて当

「自分の生活が幸せじゃないと、他の人を幸せになんかできない」（松田）

たり前だという雰囲気があります。それどころか、むしろ低くなければおかしいとまで言う人もいます。

けれども、それはおかしな話です。たとえばＮＰＯの活動に自分の時間の１００％を注ぎ込み頑張っているような中心人物なら、普通の会社のＣＥＯと同じぐらいの報酬をもらうべきです。**多くの人を幸せにしているのなら、それぐらいの報酬があってしかるべき**です。ソーシャル・アントレプレナーには、年収１０００万円ぐらいの人がたくさん出てきてもらいたいです。

斉藤：そうなんです。私が介護事業の会社を経営していると、「介護や福祉で金儲けをしていいのか」とよく言われます。

せっかく2000年に介護保険という制度ができて、民間事業者の参入が認められたのだから、競い合うことでより安くより良いサービスが提供できるように、健全なサービス産業として介護事業を発展させなければなりません。

ところが今までは、福祉はお上（政府）が提供するもので、規制に守られた護送船団方式でやってきました。しかし、それではやはり創意工夫とか知恵が生まれてきません。

健全な競争をして良い事業所が利用者に選ばれるような業界にしなければという思いで、介護事業の会社経営や日本介護ベンチャー協会の活動をやらせてもらっています。

――ソーシャル・サービスで世界に出ていく時代

松田：超高齢社会において介護の重要性は高まっています。そこで介護業界にチャレンジする人に考えてもらいたいことがあります。それは、もちろん日本のなかで介護ビジネスを広めていくけれど、**将来的には海外へその仕組みを持っていくというぐらいの気持ちでやってほしい**ということです。

例えば携帯電話事業では、かつてｉモードなど世界に先駆けた素晴らしい技術が日本にはありました。それなのに携帯電話業界は積極的に海外に出ていこうとせず、海外から新しい技術を導入することも拒んでいました。せっかくの技術力を活《い》かせず、スマートフォン事業にも乗り遅れてしまいました。

サービス業も同じです。やはり最初から世界に展開することを視野に入れながら、介護システムの構築をしていくことを考えてほしいのです。最近は日本の病院のシステムをまるごと輸出するという話も出てきています。介護も日本のおもてなしの気持ちを活かして、海外へ出ていく時代だと思っています。**日本は世界に先んじて超高齢社会を迎えているのですから、世界の一歩先を行く介護ができるはず**なのです。

「日本は世界の一歩先を行く介護ができる」

斉藤：ただ、今の若者で世界に目を向けている人は少ないと感じています。商社に入社しても海外勤務は希望しない新人社員がいるそうです。このあたりの原因はどこにあるのでしょうか。

松田：今はネガティブな情報であふれているので、一時的に自信を失っているだけだと思いますよ。先日、ODA（政府開発援助）の調査で東南アジアの国々を訪問したとき、NGO職員やボランティアで頑張っている日本人の若者をたくさん見ました。

彼らと話をすると、やはり「以前は積極的に海外へ出ようと思っていなかった」と言っていました。けれども、何かのきっかけで行動を起こしているのです。たとえば、テレビ番組を見たとか、海外へ行ってきた人の話を聞いたとか。

自分も海外で活躍したいという気持ちを持っている若者はいます。きっかけがないだけなのです。きっかけさえあれば興味を持つことができ、今はIT化された世界なので、

「競い合うことでより安くより良いサービスが提供できるように」

海外へ行くことの怖さや心配な点を克服する情報を容易に得ることができます。

政治や介護の世界でもっとチャレンジする人たちが出てきて、それを見た若者が自分たちも頑張ろうとなれば、積極的な若者がドンドン出てくると思います。

そして、頑張った介護事業者たちがもう少しいい生活ができるようになったら、後に続く人も増えるでしょう。

――失敗も次のチャレンジの糧《かて》となる

斉藤：私はひとつ、逆説的に思っていることがあります。日本社会にネガティブな情報があふれていることで、日本人のなかに本当の意味での危機感が欠如しているのではないか、いわば「ゆでガエル」状態になっているのではないかということです。
チャレンジすることにリスクはあるけれど、何もしないことはそれ以上のリスクであることに、多くの日本人は気付いていません。直近のリスクは見えやすいのですが、将来のリスクは見えにくいものです。だから、目先のことだけを考えて、チャレンジするリスクのほうを過大に見積もってしまうのでしょう。

「自分の信じるモノをやってみようと
勇気を奮い立たせてください」（松田）
「何もしないことはリスク」（斉藤）

松田さんはこれまで困難の連続だったかもしれませんが、どうやってそれを乗り越えることができたのですか。

松田：私は起業するとき、家族や友人と銀行からそれぞれ3500万円を借りました。その当時、コンビニの前を通りかかったとき、アルバイトの募集の貼り紙がしてあり、「失敗してもここでアルバイトすれば借金を返せるじゃないか」と思いました。1日15時間働けば、30年程度で借金を返済できると計算ができましたし、失敗したからといって、命まで取られるわけではないし、あとは自分の力を信じて、挑戦しようと思えました。

どのようなビジネスにもリスクはつきまといます。ただ、**命まで取られるわけじゃないと考えることも大切**です。自分の信じるモノをやってみようと、勇気を奮い立たせてください。

人生は1回です。そして時間は有限ですから、そのなかでチャレンジすることが大切です。そして失敗しても、それは次のチャレンジへ向けて、自分の成長につながると思います。

第2章　社会で役立つ人になるために

高橋　歩 Talk with 斉藤正行

若者が挑戦できる社会

自分ができないことは得意な人に任せればいい。
ソーシャル・サービスは、
面白いからできる仕事だ

――高橋歩氏は、ノマド的なライフスタイルが注目されるが、その時々で社会が求めるニーズにチームカで即反応する、現場系ソーシャル・アントレプレナーという顔を持つ。中期的なビジョンで既成概念にとらわれないアクションを起こす斉藤氏とは、対極にある。そんな2人は、どのようなソーシャル・サービスを考えているのだろうか。

高橋：オレは、20歳のときに飲食店を出して4店舗にしたけれど、それは仲間に譲って、23歳から出版社をやっていた。その頃、関西の大学生で面白いやつだと紹介されたのが議員インターンシップをしている大吾（佐藤大吾氏）。20代前半でちょっと頭角を現しているヤツらが、「20代サミット」だと言って集まって、よく呑《の》んでいた。

斉藤：僕がインターン生として、大吾さんの活動に参加した頃ですね。その後、議員インターンシップの活動をＮＰＯ法人化するときに、お手伝いをさせてもらいました。

高橋：最近だと、オレが理事長を務める「ＮＰＯ法人オン・ザ・ロード」で震災支援の活動をしたとき、大吾には資金を提供してくれる企業を紹介してもらった。**震災支援でうちが確かな活動をで**

自分ができないことは得意な人に任せればいい。ソーシャル・サービスは、面白いからできる仕事だ

●高橋　歩（たかはし　あゆむ）プロフィール

20 歳のとき、大学を中退し、仲間とアメリカンバー「ROCKWELL'S」を開店。２年間で４店舗に広がる。23 歳のとき、自伝を出すために、仲間と「サンクチュアリ出版」を設立。自伝の『毎日が冒険』がベストセラーに。26 歳で結婚。すべての肩書きをリセットし、妻と２人で世界一周の旅に出かける。帰国後、沖縄へ移住し、自給自足のアートビレッジ「BEACH ROCK VILLAGE」を主宰。現在は、家族４人で無期限の世界一周をしながら、世界中の気に入った場所で、仲間と一緒に、出版社、レストランバー、ゲストハウス、学校などを経営している。

［official web site］www.ayumu.ch

きたのも、大吾は都会、オレは現場といった役割の分担があったから。

斉藤：震災支援など、最近はソーシャルな活動が多いですね。それは、以前からしていたのですか。

高橋：インドで学校をつくったのが最初だね。きっかけはガンジス川に近いバラナシという街で、自分たちで学校をつくりたいという女性に会ったこと。その街の貧しい家の子どもたちは学校へ行けなくて、彼女が数人の子どもたちを預かって勉強を教えていた。教師の資格を取ったり、少しずつ貯金をしたりして、いつか自分たちで学校をやりたいと、本当に頑張っていた。

でも、土地と建物に日本円で最低３００万円は必要なのに、彼女の働きだけでは月にわずかのお金しか貯金できないようだった。そこでオレがかっこつけて「じゃあ、学校をつくろう」と言っちゃった。日本に帰ってきたら、とりあえず３００万円つくろうと考えて、仲間に「10万円ずつ振り込んでくれ」と声を掛けたの。

そして、お金が集まってインドに戻ったけれど、どうやれば学校をつくれるのかわからない。地元の人と話して、建物を安く上げようと自分たちでつくることにしたけど、それにはレンガを2万個積まなきゃならないという話になった。そこで日本にいる仲間たちに声をかけたら、１００人ぐ

インドにつくった学校で子どもたちの笑顔が広がる

らいが自腹ですっ飛んできた。みんな暇だなと思ったけれどね（笑）。

日本人とインド人が協力してレンガを積んで建物はできた。そのときにひとつ工夫したのは、2階を宿にしたの。**全部を学校にしてしまうと、一生寄付を集め続けないと運営できない。でも、これなら2階につくった宿の売り上げで、1階にある学校を運営できると考えた。**

面白かったのは、現地の新聞社がいっぱい取材に来たこと。なぜかというと、インドのカーストという身分制度では、レンガを積むような単純労働は最下層の人たちの仕事なんだけど、それを金持ちの日本人がやったからなんだ。今はその学校は現地法人で運営されている。そろそろ、本当の卒業資格も出せるようになりそうなんだ。素晴らしいよね。

斉藤：すごいですね。

――「面白いからやる」がボランティアの大前提

高橋：学校は、もうひとつ、ジャマイカにもつくった。こっちは音楽学校。

音楽学校をつくったのは、キングストンという街。ボブ・マーリーのいたスラムだよね。ジャマイカのスラムの若者には仕事がないから、生きていくには音楽で稼ぐか、ギャングになるかの二択という感じなの。最初、日本で使われていない楽器を集めたけれど、運ぶお金がもったいない。そこで、ピースボートという船で世界一周旅行をしている仲間に頼んで運んでもらった。

そこは今、楽器を無料で使えるたまり場のような学校になっている。運営のお金は、ミュージシャンの仲間が曲を提供してくれて、それでつくったＣＤの売り上げを回した。

最初は一般の人たちからお金をもらうことは考えていなかったから、ＮＰＯにしようなんて考えはなかった。だけど、支援をしたいという人がいっぱい出てきたから、「オン・ザ・ロード」をつくった。頭のいい人たちが仲間にいるから、そいつらがしっかりとＮＰＯにしてくれたんだ。

自分ができないことは得意な人に任せればいい。ソーシャル・サービスは、面白いからできる仕事だ

斉藤：ソーシャルな活動のなかで、ボランティアに対しては、どのような認識を持っていますか。

高橋：**ボランティアは、「無料でこんな体験ができてラッキーだろう」という感じで募集している。**大義名分を謳《うた》って、「お前がやるべきだ」なんて言わない。

「夢はないし、行きたい学校もなければ、やりたい仕事もないという若者だった」

今、何でもそうだけれど、**「お金をもらえるからやる」という話を超えた世界がある**と思っているの。でも、使命感みたいなものだけで続けられるほどオレは良い人じゃないから、何かやったときに超喜ばれて、それが楽しかったというのが自分の原動力になっている。よく言うでしょ、「ボランティアは人のためと思ってしたけれど、結局自分が喜んでいた」って。本当にそういう単純な世

界なんだ。

ただ、ボランティア団体でもボランティアをする人に寝る場所や食べ物ぐらいは提供しないといけない。だからお金のことは絶対避けては通れない。だから、お金を集めるのが得意な人に話してやってもらう。そして、オレはボランティアする「場」をつくる人間として、「最高だぞ、こんなにスゲー場所は他にないよ」とみんなに宣伝している。

ただ、ソーシャルな活動を起こしたくても自分で「場」をつくれない人もいるわけで、どうやればできるかを知りたいとき、普通はスクールなんかに通うけど、そうではなく、**現場に行けば本当にやった人たちがいて、それを手伝うことでやり方がわかる。ボランティアが無料のスクールのようになっている。**

それに、年齢の離れた友達もいっぱいできる。これはすごい体験じゃないかな。ちょっとインターンに似ているよね。

――「やめなければ必ずうまくいく」

斉藤：ボランティアは、人のためにといった感情が大前提になると思うけれど、「楽しいから、ぜ

自分ができないことは得意な人に任せればいい。ソーシャル・サービスは、面白いからできる仕事だ

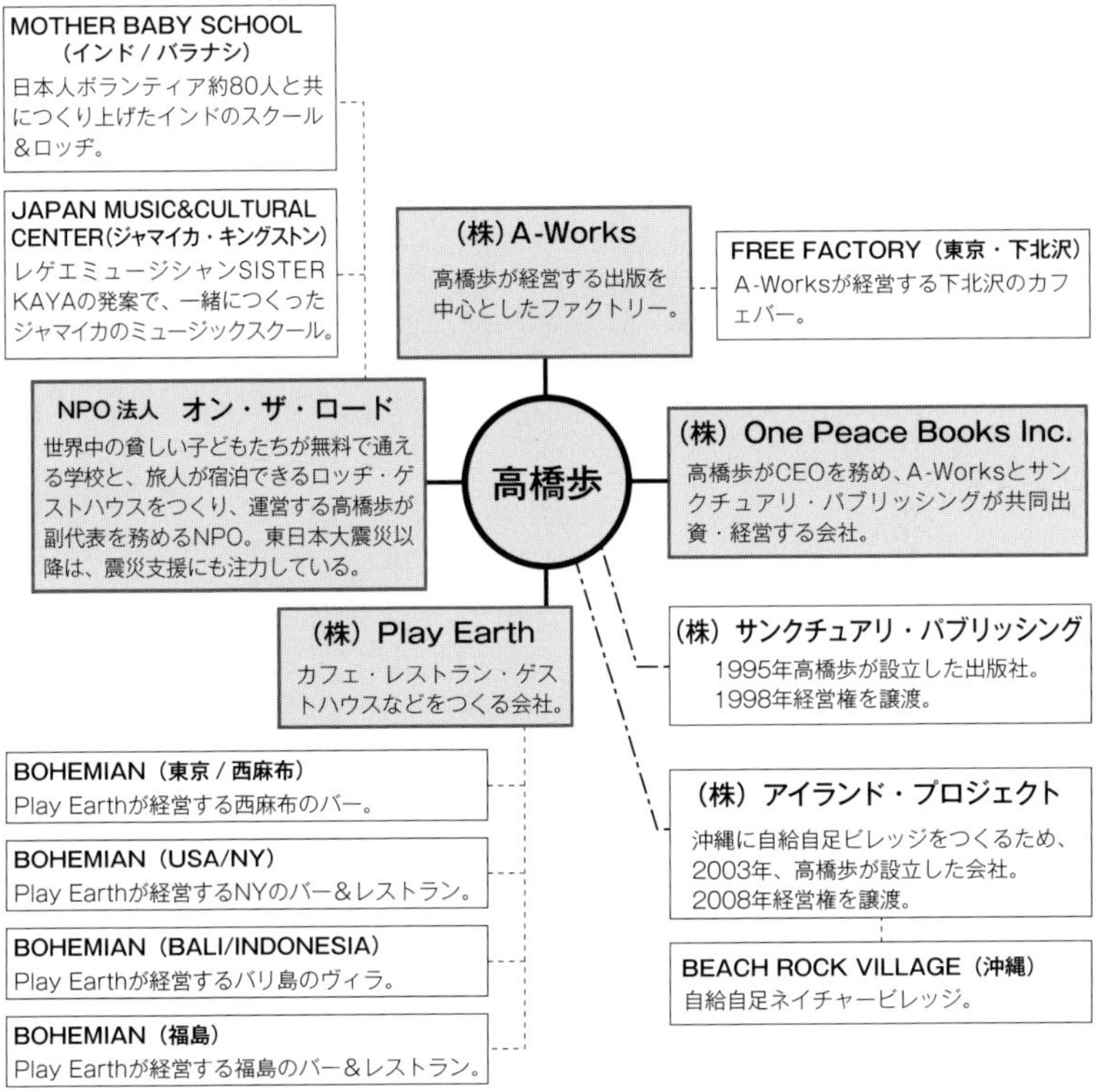

MOTHER BABY SCHOOL（インド / バラナシ）
日本人ボランティア約80人と共につくり上げたインドのスクール&ロッヂ。
JAPAN MUSIC&CULTURAL CENTER（ジャマイカ・キングストン）
レゲエミュージシャンSISTER KAYAの発案で、一緒につくったジャマイカのミュージックスクール。
（株）A-Works
高橋歩が経営する出版を中心としたファクトリー。
FREE FACTORY（東京・下北沢）
A-Worksが経営する下北沢のカフェバー。
NPO法人 オン・ザ・ロード
世界中の貧しい子どもたちが無料で通える学校と、旅人が宿泊できるロッヂ・ゲストハウスをつくり、運営する高橋歩が副代表を務めるNPO。東日本大震災以降は、震災支援にも注力している。
高橋歩
（株）One Peace Books Inc.
高橋歩がCEOを務め、A-Worksとサンクチュアリ・パブリッシングが共同出資・経営する会社。
（株）Play Earth
カフェ・レストラン・ゲストハウスなどをつくる会社。
（株）サンクチュアリ・パブリッシング
1995年高橋歩が設立した出版社。1998年経営権を譲渡。
BOHEMIAN（東京 / 西麻布）
Play Earthが経営する西麻布のバー。
BOHEMIAN（USA/NY）
Play Earthが経営するNYのバー&レストラン。
BOHEMIAN（BALI/INDONESIA）
Play Earthが経営するバリ島のヴィラ。
BOHEMIAN（福島）
Play Earthが経営する福島のバー&レストラン。
（株）アイランド・プロジェクト
沖縄に自給自足ビレッジをつくるため、2003年、高橋歩が設立した会社。2008年経営権を譲渡。
BEACH ROCK VILLAGE（沖縄）
自給自足ネイチャービレッジ。

ひ一緒にやらないか」という切り口は、とても響きやすいですね。

高橋：オレも面白いからやっているし、来る人も多分面白がっている。震災支援のときは、一緒に頑張ろうをテーマにしていた。オレらが片付けているのに平気でたばこを吸っている被災者がいたときは、それにむかついて、「オメェの家だろ。一緒にやろうぜ」という感じでやっていた。「支援するとかされるとか

じゃねえべ、オレらは日本人で困ってるヤツらがいるから、一緒にやりに来たんだ」って話すの。それがうまくいったんだよね。

斉藤：今まで、とにかく自分が一番関心のある面白いことをやってきたわけですね。ただ、先ほどあったインドの学校をつくるのに３００万円を集めたことなど、今までの人生があったから、皆さんは気持ちよく資金提供をしてくれたのだと思います。これから先の将来設計のようなものは考えているのですか。

「世間の常識にとらわれず、格好いいと思えることをやっていきたい」

高橋：オレは人生設計は持っていない。あえて言うなら、子ども2人と奥さんがいるから、家族を飢えさせることはないように、ということかな。それでも、貧乏なときはいっぱいあるけどね。金はあったら、それはいいけれど、とりあえず生存できるレベルのお金があればそれでいい。

自分ができないことは得意な人に任せればいい。ソーシャル・サービスは、面白いからできる仕事だ

社員などの仲間にも、オレがお前らの面倒を一生見るようなことはしないと話している。オレは、やりたいことや住みたい場所が変わるから、今、４つの会社を経営しているけれど、いきなり全部をつぶすことがあるかもしれないってね。

人生設計で今決まっているのは、３年前から始めた家族での世界一周が２０１２年内に終わって、２０１３年はハワイ島へ移住したいってことだけ。あとは、住んでから考えようと思っている。

斉藤：いつから、こういったライフスタイルなのですか？

僕は、世間の常識にはあまりとらわれず、自分の価値観で格好いいと思えることをやっていきたいと考えています。こういった意識になったのは20歳の頃、さんざん悩んで決めたことです。それからは、一切吹っ切れて、自分はぶれずに進めています。

高橋：オレも似ているよ。両親は小学校と幼稚園の

「“オレ、できるじゃん”と思えた。やめなければ必ずうまくいくんだよ」

先生で、絶対に大学は出ろと言われていた。でも、ブルーハーツを聴きながら、「オレの人生はサラリーマンとかなったりしねぇ！」とか言っていた。

それでも夢はないし、行きたい学校もなければ、やりたい仕事もない。誰かに自慢できる得意なこともない。本当に、今の若者たちと変わらなかった。

でもさ、単純に初めて見つけた夢が自分の店を出すことだった。仲間４人で１５０万円ずつ用意して始めたんだけど、素人が借金をして店を出すなんて誰もがやめろという起業のパターンで、今から考えるとめちゃくちゃな話なんだ。

話せば長いけれど、それがうまくいって、オレの着火点になった。

子どもの頃、ほとんどの大人は言ったよ、「素人が好きなことで食べていこうなど不可能だ」ってね。「そんなの自己満足だ」とか、「天才や才能のあるヤツはできるかもしれないが、お前には無理！」と言われていた。

それがうまくいって、「オレ、できるじゃん！」と思えた。**「やめなければ必ずうまくいく」**っていう単純な話だよ。

斉藤：成功体験があれば継続できるだろうけれど、最初の踏み出しは大変だと思います。

自分ができないことは得意な人に任せればいい。ソーシャル・サービスは、面白いからできる仕事だ

高橋氏が手がけた本の数々

高橋：成功体験はものすごく突然来たわけ。飲食店の経営がうまくいって金はいっぱい入ってくるし、若き経営者だと注目を集めて、たくさんの雑誌に取材された。

ベンチャーキャピタル（ベンチャー事業に資金を提供する投資会社）も来て、「この調子であと5年頑張ったら、一生遊んで暮らせる金が手に入る」と言ってくるわけ。

それで仲間が2つに割れたんだよね。「このまま行こう。4店舗なんてまだまだだ。目標は200店舗だ！」という仲間もいたけれど、オレはリーダーだったから、「どうする」と決断を迫られたけど、そのとき、単純にワクワクしなかった。

200店舗にする必要がどこにあるの？　会

議とかばっかりでつまらなそうだし。それで、「つまんない、やめた」と仲間に店舗を譲った。株とか退職金もなしだったけど、またゼロからやるほうが楽しそうだった。

──「できない」フレームをはずせば人生は充実する

高橋：店舗経営の成功で初めて自信がついたから、もっと面白いことをやろうということで、自伝本を出すために出版社をつくった。最初は誰もが、「出版界は不況だぞ、気は確かか」「素人が入れる業界じゃない」「自伝なんて売れないでしょ」と言っていた。でも、無理だからやめろと言われたことに自分なりに挑戦してみたかった。それで、少しずつ協力者が出てきて、出版社をつくることができ、ベストセラーも出せた。

それでまた、鼻高々になってしまってつまらなくなり、またも創業した出版社を仲間に譲った。みんなキャラが違うから、こう生きるべきというのはないと思っている。決めつけると、その人の人生を妨害することになる。だから、オレのように生きろと、人に言ったりはしない。ワクワクするから次へ行くんだけれど、本当は行かなくてもいいんだよ。

出版社のときは、かなりの借金をして始めたから、飲食店のときよりもかなりハードルは高かった。つくり上げた流通や信用とか、そういったものを捨てるのかと、止める仲間もいた。

それでも次に行くことができたのは、外からどう見られているかなんてことじゃなく、単純に奥さんからかっこいいと思われることなんだよね。あと、子どもたちからも「とーちゃん、かっこいい！」と言われたい。結構単純なのよ、ハハハ……。

「日本の介護に危機感を覚えています。介護の素晴らしさを伝えたい」（斉藤）
「震災支援で石巻のお年寄りの話をたくさん聞いた。そういう時間が好きだな」（高橋）

斉藤：少し話が変わりますが、20代の若者や学生たちとの違い、いわゆるジェネレーションギャップを感じることはありますか。

高橋：オレ、世代とかで見ないから。「この人間に対してどう思うか」と聞かれれば答えられるけれど。

オレは、**人間はみんな同じだけすごいパワーがある**と思っている。でも、何かしらの過去の体験によって、「オレは何もできないよ」っていうフレームがかけられてしまって、怖くてその枠から出られなくなってしまう。だから、誰かに否定的なことを言われると、そうかもって思ってしまうんだ。

でも、誰かに思いがけず、すごく褒められるとか、偶然出たコンテストで賞を取るとかしたら、「オレって、できるじゃん！」という気持ちになれて、このフレームがパッと取れてしまう。オレは、20歳のときに飲食店に挑戦して、このフレームが取れたパターンだ。そうすれば、自分は充実していると思える。公務員だって充実している人はいるしね。業種や職種の問題じゃない。「オレって、できるじゃん！」と思えることをやっていけば、誰だって好きなことで食べられる。

「どーせオレは」なんて愚痴っている人は、このフレームがまだ取れていないだけの問題だと思う。**フレームをできるだけ若いうちに取っ払うことができるように、何にでもチャレンジしたらいい**と思うよ。

第2章　社会で役立つ人になるために

佐藤大吾 Talk with 斉藤正行

社会に貢献できる
ヒトになろう

決断した物事を
前に進めるために
毎日の活動を積み重ね、
十分な実績と信頼を築き上げよう

――ソーシャル・ビジネスのベンチャー起業家として草分け的な存在の佐藤大吾氏。ソーシャル・ビジネスの第一線にいる斉藤氏とは学生時代からの仲で、斉藤氏がソーシャル・ビジネスの道を歩み出すきっかけとなった、いわば師匠に当たる人物だ。そんな2人が介護論、起業論、リーダー論について熱く語った。

斉藤：大吾さんと出会ったのは1999年のこと。まだ僕が大学生だった頃でした。こうして対談する日が来るなんて思ってもいませんでした。

きっかけは、大吾さんの始めた「議員インターンシップ」を偶然インターネットで見つけたことです。政治家がどんな活動をしているのかに関心があり、応募したことからです。あのインターンシップはどういった経緯で始めたのですか。

佐藤：自分が就職活動をするときに、あまり詳しく知らない会社に「第一志望です、入れてください」と頼むのは違和感がありました。それは会ったばかりの人にプロポーズするようなものだと思ったのです。そこで相手企業のことを知るために、**「給料なしでいいから働かせてください」とお願いした。これが僕の就職活動でした。**後に、これはインターンシップというアメリカで100年以

決断した物事を前に進めるために毎日の活動を積み重ね、十分な実績と信頼を築き上げよう

●佐藤大吾（さとう　だいご）プロフィール

1973年大阪府生まれ。大阪大学法学部中退。1998年に、NPO法人「ドットジェイピー」を設立（2000年法人化）。これまで1万5000人の学生が参加、45人の議員が誕生した。2010年寄付仲介サイト「Just Giving」の日本版を立ち上げ、日本における寄付文化創造に取り組む。著書に『オモシロキ コトモナキ世ヲ オモシロク』（サンクチュアリ出版）などがある。

上も続いている制度だと知りました。

企業へのインターンシップ仲介事業に続いて、議員事務所へのインターンシップ仲介事業を始めたのは、公務員になりたいという後輩から相談されたことがきっかけです。ラッキーなことに、僕が生まれ育った大阪府堺市に久保田暁さんという知り合いの市議会議員がいたので相談したところ、受け入れて頂けることになったのです。この久保田議員に議員仲間を紹介していただき、受入先が増えていきました。

また、**参加した学生が友達に「議員のもとでのインターンが面白かった」と広めてもらうことで、議員事務所でのインターンシップが継続的な事業になっていきました。**

斉藤：政治に縁のなかった僕が国会議員の議員インターンシップに参加したのは、政治家そのものをよく知ることが目的でした。ところが、政治の世界を知る良い機会にはなったけれども、政治の世界に対する印象は好ましいものではありませんでした。

議員インターンシップに参加するまで政治の世界とは、日本の中枢であり、敷居の高い世界だと思っていたのですが、実際に政治の世界に飛び込んでみたら、国会議員本人には素晴らしい方も多かったのですが、一部の方やその他取り巻いている方々には、人間的には良い人たちなのだけれど、

■決断した物事を前に進めるために毎日の活動を積み重ね、十分な実績と信頼を築き上げよう

世間の感覚とズレている人も多かったように思います。たとえば仕事の納期もなく、のんびりしているといったことなどです。

「議員インターンシップに参加した学生が友達に広めたことで事業になった」

「大吾さんたちは、学生ベンチャーとしてバリバリ活動していて、とても輝いていました」

ところが、議員インターンシップを立ち上げた大吾さんたちは、学生ベンチャーとしてバリバリ活動しているから、とても輝いていました。その議員インターンシップ事業に惹《ひ》かれて、運営を手伝うことにしました。このときの経験が現在の介護事業会社の経営という仕事につながるきっかけになったと思います。

佐藤：**経済活動も含めて政治に無関係なものなどないのだから、ビジネスの世界に行くとしても政治を知ることは大事**です。世界で活躍している企業でも政府の方針変更でビジネスが影響を受けてしまうことはよくあること。だから若いときに一度政治を見ておくことは大事なことだと思いますね。

――政治の実態を自分の目で見てもらう

佐藤：僕は、議員のもとでのインターンシップ仲介事業を始めた頃に「高校生の最もなりたくない職業は政治家」という記事を読んだんですよ。国や地域の舵《かじ》取《と》りをしてみたいという若者がいないのに、国や地域が良くなるはずはないだろう、これはまずいぞと思いました。

「若いときに一度政治を見ておくことは大事なことだと思いますね」

若者は政治に対して誤解していることが多いと感じます。メディアでは議員による不祥事や謝罪のシーンがたくさん報道されているし、多くの大人たちも政治に対して文句を言っている。そういうネガティブな情報ばかり聞かされていると、まだ知識が少ない若者は影響を受けてしまいます。実態を知らないまま、人の意見によって「政治はけしからんものらしい」という考えになってしまう。「本当に政治や議員はけしからんのか、実際に自分の目で実態を見てから自分の考えを持とう」という趣旨により、議員インターンシップを推進しています。これがNPO法人「ドットジェイピー」となりました。

インターン生はこれまでに議員と会ったことのない学生がほとんど。政治に対する知識も経験も不問。特定政党や議員のもとで勉強したいのであれば、ドットジェイピーなんて通さずに直接その扉をノックすればいいので、インターンシップに参加する学生は基本的に支持政党のない無党派です。そもそもドットジェイピーはNPO法人なので政治的中立が求められており、どこか特定の政党の支援をすることはできません。

インターンシップの運営は学生ボランティアスタッフたちが担ってくれているのですが、最近は斉藤さんがいた頃と少々様子が変わってきました。創業の頃は資料もない、ルールもない、人も足りないという感じだったので、みな自分で判断してどんどん新しいことをやっていましたし、たくさん失敗しましたが、そういうやり方が好きな学生がたくさん集まっていた気がします。

しかし、創業から15年も経《た》つと、先輩たちが残してくれた資料も充実しているし、たくさんの失敗から学んだルールもあり、スタッフの人数も200人を超えるようになりました。当初と比べると「勝手にやりました」では済まされない環境になってきていることもあり、どちらかというと「破天荒なことはやらないが、決められた仕事をきっちりやるタイプ」のスタッフが多いと感じます。**黒いペンを持って自由に書くのが得意な人と、赤いペンを持ってそれを修正するのが得意な人がいますが、最近は赤ペンが得意なスタッフが増えたということでしょう。**

斉藤：これはドットジェイピーが成熟期に入っているからなのか、それとも時代の流れなのでしょうか。僕と同じ30代の人たちを見ても黒ペンを持てる人は一定数しかいません。ただ、僕は物心ついたときにはすでにテレビゲームがあり、学生時代に携帯電話を持って育った30代にはすごく期待しています。彼らにしか作れない社会もあると思うのです。いずれ現在の30代のなかから時代を代表する政治家が現れるのではと思っています。

――NPOが事業として成立するために

佐藤：議員インターンシップは参加学生から頂く参加費のほかに、受入議員から頂く会費によって運営されています。収入源があるので、なんとか15年間黒字を続けることができています。

しかし、多くのNPOは安定的な財源を持っておらず、ときどきNPOの経営者から「つぶれて

英国 Just Giving の創設者 Ms. Zarin Kharas とともに

しまいそうだ」という相談を受けることもあり、以前はこうした相談に対してボランティアで、寄付集めを手伝ったこともありました。僕が寄付を頼んだ企業の経営者には申し訳ないなという気持ちでいたのですが、**意外にもある社長から「ちょうどCSR（Corporate social responsibility）に取り組もうと思っていたところだったので、いい団体を紹介してくれて助かった」と感謝されたのです。**

このような経緯から、応援を求めているNPOと、応援したい企業との間をつなぐ存在が必要だと感じ、世界最大の寄付サイトである英国 Just Giving と交渉し、2010年3月に日本版のサービスを立ち上げました。誰かに頼まれて事業を起こすというのは議員イ

決断した物事を前に進めるために毎日の活動を積み重ね、十分な実績と信頼を築き上げよう

「すでに書いてある紙を破り捨てて黒ペンを持つのはとても勇気のいること」

ンターンシップのときと同じです（笑）。

斉藤：これからはＮＰＯが職業として当たり前の時代になるでしょう。その第一人者として苦労されていることはありますか。

佐藤：ＮＰＯであれ、株式会社であれ、事業を起こすために必要となる初期資金をどうやって集めるかということ、そして寄付であれ、事業売上であれ、収入基盤をどう作り出すかということです。現在もＮＰＯの最大のスポンサーは行政です。好景気の頃はそれでもよかったでしょうが、最近になっていよいよ政府の財政が厳しくなり、**ＮＰＯも自分たちでお金を集める必要が出てきました。**

寄付を集める際にはその担当者の気持ちが重要です。

たとえば、企業で活躍している営業担当者は顧客に対して見積書を出すときも堂々としています。熱心にメリットを提示し、「これだけの金額で最高の満足が得られますよ」という感じです。**寄付を集める際にも「相手に対して楽しさや、満足を提案する」という姿勢が必要です。**「申し訳ないですが、寄付してください」という姿勢では先方のほうが不安になってしまいます。

NPOは世の中の問題を解決するために存在します。NPOにはさまざまな関わり方があります。寄付をして関わる人、ボランティアとして関わる人、さまざまです。「僕は介護事業所に就職することはできないけれど、寄付によってなら関わることができます」という人もたくさんいることでしょう。多くの人が社会に貢献したいと考えています。ただお願いするだけでなく、その機会を提供するという意味で寄付を提案することが大切です。

――「介護事業」にもいろいろある

佐藤：NPOには2種類の顧客が存在します。たとえばホームレスにおにぎりを提供するNPOにとって、最も重要な顧客はホームレスです。しかし、ホームレスからおにぎり代を徴収することはできない。代わって資金を出してくれるのが寄付者や企業や行政です。これらが2つ目の顧客です。介護保険事業者もこれに似ています。サービスを受ける人が負担するお金は1割。残り9割は介護保険から支払われます。

斉藤：僕たちの日本介護ベンチャー協会には約100社の会員がいるけれど、このうち介護サービスを直接提供している事業者が約半分。残りは、介護機器メーカーなど介護の周辺事業者です。これは介護業界の団体としては珍しい特徴です。多くの業界団体では、当事者ばかりが会員ですから。

介護事業者は介護保険制度によって成立しているのだから、サービス業として発展したとしても結局、税金あるいは保険料が高くなるだけで産業の発展にはならないと言われます。確かにそういった側面もありますが、介護産業が伸びれば、介護機器メーカーなど周辺産業も発展します。これらを含めて「介護の産業化」ではないかと思います。

佐藤：そうですね。それに、**介護のイメージを変えていくということも、やるべきことのひとつかもしれません。**

僕はドットジェイピーでなるべく「政治」という言葉は使わないようにしました。政治という言葉に対してネガティブなイメージを持っている人が多いからです。この政治という言葉を「社会」や「国家経営」と置き換えたら政治に興味がない人でも少しは興味を持ってくれるようになりました。政治の**「リ・ブランディング」を意識しています。介護も似ているのではないでしょうか。**何か別の言葉に置き換えてみても面白いかもしれません。とにかくイメージを変えることが大切だと感じます。

斉藤：その意味では、僕たちは介護と異業種のコラボを企画しています。相手は、なんとプロレスと音楽です。関係者が、レスラーやアーティストのセカンドキャリアとして介護事業を考えていると聞いたからです。プロレスのリングでレスラーたちと、ライブ会場でアーティストたちと僕のトークショーを通じて、介護の良さを伝えるのです。

介護は入り口に連れてくるのが大変で、身内の誰かが要介護になるなどしないと関心を持ってもらえない。そこで若者があこがれる人物に情報発信をしてもらおうと考えたのです。

佐藤：「介護はあなた自身の問題ですよ」と変換する技術ですね。

先日、アメリカに出張したときに、オバマ大統領の選挙で若者担当の責任者と会う機会がありま

決断した物事を前に進めるために毎日の活動を積み重ね、十分な実績と信頼を築き上げよう

「これからはＮＰＯが職業として
当たり前の時代になるでしょう」（斉藤）
「トップダウンで現状を変えていくには、
草の根の活動が大事」（佐藤）

した。２００８年のアメリカ大統領選挙でオバマ陣営がどうやって若者たちを熱狂させることができたのかを聞いたら、**若者が熱狂的に支持している人の口からオバマ氏について語ってもらった**そうです。

斉藤：僕も同じ発想を持っています。でも、僕は介護という言葉をあえて使っています。というのは、介護には変えなくても素晴らしいことがたくさんあるのだから、「介護はダメだから変えよう」とすべてを否定することはロスが大きいと思うからです。それに、これまで介護をやってきた人たちの人生を否定することにもなります。

そういったやり方を日本人はあまり好みま

せん。もちろん、最後はリーダーシップによるトップダウンでないと変えられないと思いますが。

佐藤：リーダーシップを発揮して意思決定し、物事を前に進めるためには、たくさんの人からの信頼、支持が必要です。そのためにはこれまでの実績が必要になります。

たとえば、創業オーナーは株主総会でどんな質問が来ても全部自分で答えられると思います。規模の小さいところから自分で大きくしてきたわけだから、何を聞かれてもわかる。聞いてるほうも頼もしい印象を抱くでしょう。ところが、質問のたびに担当者を呼んで確認をしたり、代わりに答えてもらっていると少々不安に見えてきます。**「こうしよう！」という決断をし、多くの人から支持してもらうためには、十分な実績と信頼が必要です。**そういうリーダーになれるよう、毎日の活動をひとつずつ積み重ね、お互いに頑張りましょう。

日本の未来を拓く
ソーシャル・サービスという仕事

行政と民間の棲み分けで介護はもっと良くなる
日本の先進的な取り組みで世界をリードしよう！

斉藤正行×小川義行×佐藤崇弘×
髙橋ゆき×別宮圭一

第1章で登場したソーシャル・サービスのイノベーターたちが一堂に会して、介護の未来、ソーシャル・サービスの未来について大いに語り合った——。

●ソーシャル・サービスのこれから

斉藤：ソーシャル・サービスの未来ということで、そのなかで私たちが事業によってどのような役割を担っていけるか、今日は皆さんと話してみたいと思います。

まずソーシャル・サービスの定義ですが、僕は3つのポイントで考えています。

1つは社会性や公共性が高いということです。

2つめは、サービスの対象者が限定されるということ。ソーシャル・サービスだとお年寄りや障害者、子どもなどが対象とし

斉藤「ソーシャル・サービスは、行政、民間、ボランティアで棲み分けが必要」

て限定されると思います。

3つめは、サービスの対象者が社会的な弱者になるということです。私が経営している介護サービスは生活支援の必要な高齢者です。教育もソーシャル・サービスに入ってくるでしょう。

さらに、社会でこのソーシャル・サービスを誰が担うのかという視点で考えたとき、3つに分類できそうです。まず行政が提供するサービス、民間が提供するサービス、それにボランティア活動として提供するサービスです。介護業界には、この3領域が全部入っています。行政と民間のビジネス、そしてボランティアの人もいます。この混在した状況にはいくつかの問題があって、いずれにせよ棲《す》み分けが必要だと思います。

別宮：ソーシャル・サービスを民間企業で行うことを私は否定しないけれど、事故のリスクやコンプライアンスなどの面では行政が充実しています。民間企業はしかるべきバックアップ体制を持つことで安全、安心なサービスを提供することが大切になってきます。そして無償のボランティアには、ここに限界があります。

佐藤：私は長野県で公務員を1年間ほどしていたことがあります。その前は障害者施設にいましたから、補助金を受ける側から、今度は逆に補助金を分配する側に立ったわけです。

そのとき感じたのは、役所全体として本来行政がやらなくてもいいサービスが増えてしまい、その結果、財政赤字の問題がここまで大きくなってしまったということです。だから、社会的なコストを減らすためにも、これまではほとんど財を生まないと思われていた**障害者、高齢者、児童向けの分野でイノベーティブなサービスを民間企業が提供することが必要で、それによって行政のコストを減らしていくことを考えなければなりません。**そのためにソーシャル・ビジネスは重要です。

佐藤「ソーシャル・サービスは民間に任せて、競争するのがいい」

たとえば介護です。グループホームなどの施設には職員を何人置かなければならないといった国の基準があります。そのせいで北から南まで、日本中で同じサービスを提供することになっています。そうではなく、民間企業のサービスによって、行政と利用者、事業者がそれぞれ利益を得られる仕組みのなかでサービスを生み出していけるなら、ソーシャル・ビジネスの国内市場規模はとても大きいだろうと感じています。

小川：日本は目的よりも手段が重要になっていますね。コストを1％や2％下げるくらいは頑張ればできるけれど、50％下げるためには仕組みそのものを変えないとできません。**介護分野のイノベーションが必要です。そのためには、行政の枠組みを外していくこと、つまり規制緩和が必要です。**

佐藤：そこは行政の裁量権が問題です。介護保険や医療保険でも、必ず不経済な予算配分になっています。ソーシャル・サービスは思い切って民間企業に任せて、市場経済のなかで競争して、強い事業所が勝ち残るようにします。それと同時に、負けたところが出ても困らないようにセーフティネットを用意しておきます。勝った事業者は、お客から評価された結果なので、どんどん強くなって利益を得てもらえばいいと思います。

介護保険も、私は**もっと小さい行政区ごとに制度を設計したほうがいいと思っています。全国で統一的な基準を作るのは非効率**ですよ。首長の責任で、その地域に合ったやり方で制度を考えてはどうでしょうか。今の全国一律の制度では、予算配分もあいまいで、責任の所在がはっきりしていません。地方に権限を委譲し、責任の所在をはっきりさせれば、行政はコストを下げるようになります。そうなると、ソーシャル・ビジネスとして民間が切り込んでいけるでしょう。

高橋：民間企業ならではの競争力を通じて得られる品質も今後ますます重要になると思います。

●日本的ソーシャル・サービスを海外に

小川：私の会社は中国とマレーシアに出店していますが、経済成長しているアジア諸国の行政は非常にシンプルです。ある国では企業の決算月まで国が決めています。そして「この種類の事業を始めるなら、これだけ資本金を用意しなさい」というルールが決まっています。参入障壁は高いけれど、それ以外はとても自由です。

小川「介護分野から行政の枠組みを外し、イノベーションが必要」

外国は行政の役割が、根本的なスタンスからして日本とは違うのだと知りました。だから、当たり前ですが、制度設計も日本とはまったく別の形です。この2カ国を見ても、行政はインフラ作りを中心にやっています。**採算の合わない事業には行政が財源を入れてやっています。収益を出せる領域では、民間企業にやってもらい、その代わり確実に利益を出して納税してくださいというスタンス**です。行政の役割はインフラ作りとチェック、それに足りないところを補填《ほてん》するだけ。それ以外のことは完全に民間企業主導の社会です。
ここが日本と大きく違うところですね。

髙橋：先日、中国と韓国を回ってきました。それぞれの国に課題はあるけれど、それでも日本の行政の仕組みや継続性、競争性を考えたとき、私たちの国は世界から取り残されていると感じました。このままでは、世界と対等にはやっていけません。
　ソーシャル・サービスを行政や民間企業、

髙橋「ソーシャル・ビジネスとマッチする国民性が日本人にはある」

ボランティア団体など、誰が携わっても、共通して大事にしてほしいのは経営哲学です。これから将来、行政との民間の役割分担がどうなっても、哲学がなければ継続は無理だと思います。

海外では、働くことは罪を償うためという考えもありますが、日本人は仕事で相手を喜ばせることがうれしいから働くという人が多いのです。昔から働くことの概念が諸外国と違う日本人はソーシャル・ビジネスとマッチする国民性だと思います。

小川：僕が言いたいのは、アジア諸国では行政と民間それぞれの役割がすごく明確だということです。しかも、それがルール化されています。さらに、隣国でも同じようなルールなので、国境を越えて雇用を生みやすいのです。

ところが、日本は行政主導型の独自ルールになっています。だから日本のソーシャル・サービスは国内でしか通用しないと思います。私も海外に出店するまでは、日本ほどホスピタリティのある国はないから、海外に出たら通用すると思っていました。ところがそのホスピタリティが、中国人に言わせると、大きなお世話に感じるのだそうです。**「そのまま持っていく」だけでは通用しない**と思います。

斉藤：そこが一番難しいことです。国によって考え方も違うから、海外展開するにしても、どこにスタンダードを合わせればいいでしょうか。日本の文化や考え方などで、ここは絶対に残したほうがいいという部分があります。では、私たちは何を残し、どこを変革すべきなのか？

別宮：日本と海外の大きな違いは豊かさだと思います。海外に出ていくと、貧しい生活をしている人たちが、まだたくさんいます。そういった人たちに、**豊かな日本で考え出されたソーシャル・サービスを提供してもうまくいかない**でしょう。そうではなくて、**現地の人たちが何を幸せだと思うのか、そこを考えて商品やサービスを提供すべきでしょう。**これは日本がリードしてやっていけることだと思います。

斉藤：確かに私も、日本の文化や制度、日本人の考え方などは素晴らしいと考えています。髙橋さんが話されたように、日本人

別宮「海外に展開するときは、現地の人が何を望んでいるかを考えることが大切」

ならではの働き方についての感性は、ソーシャル・サービスにとても向いています。

かつての日本は村社会によって、地域性を活《い》かした隣近所の互助会的な仕組みのなかで社会的な問題を解決していました。だから、あえて介護保険のような制度を作る必要もなかったわけです。相互扶助の精神は昔から日本に根付いている生活習慣で、これからも残していきたいと思います。ただ、その村社会が崩れ、多くの人が都市に住むようになり、社会的な問題をサービスとして誰かが提供する必要が生じました。そこでソーシャル・サービスの課題が僕たちに突き付けられているのだと思います。

人口動態を見るとこれから30年間は高齢社会が続きますが、そこで、僕が持論として言い続けていることがあります。日本は世界に先駆けて超高齢社会に突入しています。その他の先進国や新興国も10年後、20年後には日本と同じような人口構造になっていくわけです。だから今こそ、**日本が高齢者に合ったソーシャル・サービスというインフラを作っていけば、諸外国の手本になることは間違いない**ということです。

まず日本で、介護を含めたソーシャル・サービスのあり方を確立させる。そこから海外展開への道が開けてくるのだと思います。

本日は皆さん、ありがとうございました。

――あとがき

ソーシャル・サービスは日本の希望

この本を手に取られたあなたは、介護サービスやソーシャル・サービスに対して興味・関心があるのだろうと思います。

私を含む5人のイノベーターたちが語った、ソーシャル・サービスの未来は、あなたの想像に対して期待どおりだったでしょうか。より可能性と希望に満ちたものだったでしょうか。

日本経済が成熟期を迎えたことで、停滞してしまった産業、あるいは衰退していく産業は数多くあります。

そのなかで、介護サービスは数少ない成長産業のひとつです。

現在の介護サービスは、国の財源により支えられており、経済状況の悪化がそのまま社会保障費の削減につながりかねません。

「介護をビジネスにしてよいのか？」という意見はいまだに根強いのですが、これから先まだまだ増えていく高齢者を支えていくためには、介護サービスを効果的かつ効率的に提供できる仕組みの構築が不可欠です。そのためには市場原理を働かせて、介護の質の向上と効率化を図っていくことが急務です。

さらに、世界に先駆けて超高齢社会を迎えた日本から、やがて高齢社会を迎える諸外国に向けてサービスを輸出することによって、さらなるビジネスの拡大が期待できます。

周辺産業まで含めれば、社会保障関連産業の市場規模は巨大であり、大きな可能性が広がっているのです。

介護は大変だけれど楽しく稼げる仕事

介護分野は、残念ながら人気がある職種とは言いがたく、人材確保が容易ではない事業者も少なくありません。介護の離職率は2割を超えます。特に、リーマン・ショック以降は最初から介護を目指していたのではなく、他の選択肢がなく入職した人たちの離職が目立ちます。

２０２５年には、65歳以上の高齢者人口は３５００万人に達し、認知症高齢者がそのうち約1割と推計されています。介護人材確保は急務であり、介護業界に更なる革新をもたらしてくれる優秀な人材が求められています。

介護ほど、人に感謝される仕事もありません。これは誰もが感じる介護の最大の魅力と言えるでしょう。また、介護の仕事を通じて世の中を学ぶことができます。高齢の方や介護をされるご家族の置かれている状況から、現在の社会制度におけるさまざまな問題点や課題を学ぶこともあります。また、高齢の方との交流を通じて学べることもたくさんあります。

介護は、辛《つら》く、大変だけれども、やりがいがあり、楽しい仕事です。仕事を通して得たさまざまな経験はあなたの人生を豊かで実りの多いものにしてくれるはずです。

介護は成長産業ですから、キャリアアップする意志をもって介護業界に入れば、一般企業と遜《そん》色《しょく》ないレベル、もしくはそれ以上の給与を得ることだってできるのです。

将来性まで見据えていけば、介護は就職先として、優先順位の高い選択肢であることを、ご理解いただけると思います。

未来へとつながるソーシャル・サービス

介護は、若者から、いわゆる「かっこいい」仕事としては思われていないと思います。でも、どうでしょう。本書に登場した経営者やリーダーたちは、それぞれ形は違っても、自分自身の利益のためだけではない、世のため人のためにスケールの大きな仕事をしている、「かっこいい」大人たちだったのではないでしょうか。

本書に登場する経営者たちが、イノベーターとして、新たなビジネスを開発していったように、ソーシャル・サービスの世界は、これからもユニークな発想をもって新たな分野をどんどん切り拓《ひら》いていくことのできる余地があります。若者の柔軟なアイディアが必要とされている分野でもあり、そのアイディアを実現できる場でもあります。

第26代アメリカ合衆国大統領セオドア・ルーズベルトは、「真に賞賛しなければならないのは、泥と汗と血で顔を汚し、実際に戦いの場に立って勇敢に努力する男。努力に付きものの過ちや失敗を繰り返す男です」と述べています。

必要とされるのは、「批判する」人間ではありません。行動する人間、チャレンジすることを恐れない人間です。

もしあなたに人の役に立ちたいという気持ちがあるのなら、あと大切なのは失敗を恐れずに一歩踏み出す勇気です。

本書を通じて、皆さんが、介護やソーシャル・サービスの世界に、魅力を感じていただけたのなら、是非、勇気をもって飛び込んできてください。

ともに明るい未来を創っていきましょう。

編集　斉藤正行

◎編集協力／ザ・ライトスタッフオフィス
安藤啓一
◎写　　真／安藤啓一
羽切利夫
関口宏紀

エスペランサ —希望—
ソーシャル・サービスのイノベーターたちが語る“介護の未来、日本の未来”

2013年3月10日　初版第1刷発行

編　　集　斉藤正行
発 行 者　林　　諄
発 行 所　株式会社日本医療企画
〒101-0033　東京都千代田区神田岩本町4-14　神田平成ビル
TEL. 03-3256-2861（代表）
http://www.jmp.co.jp
印 刷 所　大日本印刷株式会社

ISBN978-4-86439-136-8 C0034　定価はカバーに表示しています